パッケージデザインのりくつ

マーケティングから考えるデザイン

小川 亮

実教出版

はじめに

　この本を手にとっていただきありがとうございます。私がパッケージデザインに関わるようになったのは今から 30 年前ですが、当時 20 代の私はデザインを社内で説明したり、デザイナーに依頼したりするときに、言葉が足らずとても苦労したことを覚えています。マーケティングとデザインの両方をつなぐ辞書みたいなものがあったら、同じように悩む人のお役に立てるのではないかと思ったのがこの本を書いたきっかけです。

　この本はパッケージデザインに関わるすべての人に向けた本です。商品開発担当者、ブランドマネージャー、広告、デザイン部の方、化学業界や印刷業界、あるいはコンバーターとしてパッケージの企画、営業、提案に関わっている方々、パッケージデザイナー、パッケージデザインを学ぶ学生のみなさん、こういったパッケージデザインに関わる方々に向けて書きました。この本によって、皆さんの「デザインを理解し、説明する力」をサポートできればと思っています。

　自分の会社で自分がデザインし、自分で商品化して自分で販売する立場の人は、デザインを言語で他人に説明する必要はありません。しかし、多くの人たちは組織で仕事をする以上、いいデザイン、適切なデザインは何かということについて言語化することが求められます。それをサポートするのがこの本です。そして言語での創造的なやり取りは、より良いデザインをつくる上でも不可欠だと感じます。

この「マーケティングとパッケージデザイン」シリーズは、第1弾の初版から14年がたち、この本で第3弾になりました。その間、デザイン思考やAIの登場によってパッケージデザインの役割やつくり方が大きく変わっています。特に、今回は生成AIをどう使っていくべきか、そして生成AIを使うことでパッケージデザインはどう変わっていくのかについて、新たに14テーマを追加しました。

デザイナーだった父から会社を引き継ぎ、お客様にパッケージデザインを提案し、多くの商品を世の中に生み出すお手伝いをする一方で、マーケティング分野でMBAと博士号を取得し、研究活動を続け、縁あって公益社団法人日本パッケージデザイン協会の理事長も務めました。マーケティングとパッケージデザインの両分野の実務、研究を続けた経験から得たことを少しでも多くお伝えできればと思います。

本書をお読みいただくことで、皆さんがデザインを考え、説明し、議論する一助になれば幸いです。

2024年11月　株式会社プラグ
代表取締役社長　小川　亮

序章　マーケティングとは

01 マーケティングの基本フレーム ❶
顧客満足と売れる仕組み ……………… 10

02 マーケティングの基本フレーム ❷
フォークのフレームで考える
10 のキーワード …………………… 12

03 マーケティングの基本フレーム ❸
パッケージデザインの
5つの役割 …………………………… 14

04 マーケティング活動との関わり …… 16

Part 1

マーケティングと
パッケージデザイン

第1章　消費者を思う

01 セグメンテーション ………………… 22

02 ターゲッティング ………………… 24

03 ポジショニングと
パッケージデザイン ……………… 26

04 パッケージデザインを
つくるとは何をすることか ………… 28

05 良いデザインとは何か …………… 30

06 インサイト ………………………… 32

07 インサイトと
パッケージデザイン ……………… 34

08 ロングセラーブランドの
リニューアルの失敗 ……………… 36

09 パッケージデザインと社会環境 …… 38

10 SDGs …………………………… 40

11 3 R …………………………… 42

12 ユニバーサルデザイン …………… 44

13 アクセシブルデザイン …………… 46

第2章　商品を考える

01 伝えられることは3つ ……… 50

02 商品価値の創造：機能的価値 …… 52

03 商品価値の創造：情緒的価値 …… 54

04 経験価値の創造 ……… 56

05 感覚転移 ……… 58

06 流通戦略❶
売り場とパッケージデザイン …… 60

07 流通戦略❷
プル戦略とプッシュ戦略 ……… 62

08 プライベートブランド ……… 64

09 ECサイトにおける
パッケージデザイン ……… 66

10 価格とパッケージデザイン …… 68

11 トライアルの実現 ……… 70

12 コミュニケーションの開発 …… 72

13 メディアとしての
パッケージデザイン ……… 74

14 パッケージデザインと
広告の関係 ……… 76

15 広告投下量と
パッケージデザインの関係 …… 78

16 パッケージを中心にした
コミュニケーション ……… 80

17 IMCの概念 ……… 82

第3章　他社に勝つ

01 パッケージで
ブランドをつくるプロセス ……… 86

02 ブランド資産としての
パッケージデザイン ……… 88

03 ブランド価値の定義 ……… 90

04 アイデンティティの育成 ……… 92

05 ブランドを強くするリニューアル … 94

06 ブランドのリポジショニング …… 96

07 ブランドの拡張 ……… 98

08 ブランド要素選択の際、
重要なこと ……… 100

09 パッケージデザインは
チラシかブランドか ……… 102

10 リニューアルデザイン案の
評価と決定 ……… 104

11 世界共通デザインか
ローカライズデザインか ……… 106

12 デザインと戦略の関係 ……… 108

13 製品ライフサイクルとデザイン … 110

14 新しい市場をつくるときの
パッケージデザイン ……… 112

15 戦略的模倣 ……… 114

16 競争ポジション ……… 116

17 コーポレートブランド戦略と
個別ブランド戦略 ……… 118

18 競争優位性としてのデザイン …… 120

19 デザインを取り巻く環境の変化 … 122

20 デザインマネジメント体制 …… 124

21 デザインで勝つ企業をつくるには … 126

22 デザイン教育 ……… 128

23 パッケージデザイン組織の役割 … 130

24 パッケージデザイン組織の
パターン ……… 132

もくじ

5

Part 2 パッケージデザインをつくる

第1章　情報をまとめる

01 オリエンテーションの重要性 ········ 138

02 オリエンテーションの項目 ········· 140

03 オリエンテーションの項目 ❶
ターゲットとインサイト ··············· 142

04 オリエンテーションの項目 ❷
企画の背景 ················· 144

05 オリエンテーションの項目 ❸
ブランドのコアバリューと体系 ······ 146

06 オリエンテーションの項目 ❹
商品コンセプト ················· 148

07 オリエンテーションの項目 ❺
商品特徴 ················· 150

08 オリエンテーションの項目 ❻
ネーミング ················· 152

09 オリエンテーションの項目 ❼
キャッチコピー ················· 154

10 オリエンテーションの項目 ❽
棚の説明 ················· 156

11 オリエンテーションの項目 ❾
競合商品と目指すべき
ポジショニング ················· 158

12 オリエンテーションの項目 ❿
価格 ················· 160

13 オリエンテーションの項目 ⓫
デザインイメージ ················· 162

14 オリエンテーションの項目 ⓬
評価基準 ················· 164

第2章　つくるにあたって

01 パッケージデザインの
制作ステップ ················· 168

02 今回のゴールは何か ················· 170

03 訴求すべきことは何か ················· 172

04 表現の方向性を考える ················· 174

05 リニューアルの目標設定 ················· 176

06 大きく変えるべきか、
小さく変えるべきか ················· 178

07 丁度可知差異 ················· 180

08 鮮度維持のタイミング ················· 182

09 メタファーの活用 ················· 184

10 メッセージの設定 ················· 186

11 デザインアイデンティティの
特定と強化 ················· 188

12 アフォーダンス ················· 190

13 黄金比率 ················· 192

14 脳の半球優位性 ················· 194

15 対称と非対称 ················· 196

もくじ

16 ネーミングの開発ステップ	198	

16 ネーミングの開発ステップ……198

17 ネーミングと感性 ……………200

18 キャッチコピー …………………202

19 色 …………………………………204

20 写真 ………………………………206

21 イラスト …………………………208

22 キャラクター ……………………210

23 ロゴ ………………………………212

24 形 …………………………………214

25 容器 ………………………………216

26 素材 ………………………………218

27 印刷方法 …………………………220

28 パッケージデザインと法律 ……222

29 著作権 ……………………………224

30 商標権 ……………………………226

31 意匠権 ……………………………228

32 容器包装リサイクル法 …………230

第3章　デザインを評価する

01 基本的な評価の流れ ……………234

02 5つの評価軸（ABCDE） ………236

03 5つの評価軸❶
A：目立つか（Attention）………238

04 5つの評価軸❷
B：らしいか（Basic）―1 ………240

05 5つの評価軸❷
B：らしいか（Basic）―2 ………242

06 5つの評価軸❸
C：コンセプトが伝わっているか
（Concept）―1：機能的価値………244

07 5つの評価軸❸
C：コンセプトが伝わっているか
（Concept）―2：情緒的価値………246

08 5つの評価軸❹
D：アイデンティティがあるか
（iDentity）………………………248

09 5つの評価軸❺
E：経験価値があるか
（Experience）……………………250

10 評価の重みづけ …………………252

11 調査活用のポイント ……………254

12 調査の方法 ………………………256

13 定量調査 …………………………258

14 定量調査における評価項目 ……260

15 AI による評価 …………………262

16 定性調査 …………………………264

17 観察調査 …………………………266

18 アイトラッキング ………………268

もくじ

7

Part 3 新しい流れ

第1章　イノベーション

01 イノベーションと
　　パッケージデザイン ················ 274

02 新素材とパッケージデザイン ········ 276

03 デザイン思考と
　　パッケージデザイン ················ 278

04 デザイン思考の進め方 ·············· 280

05 プロトタイプとしての
　　パッケージデザイン ················ 282

06 ユーザーイノベーション ·········· 284

07 デザインドリブンイノベーション ···· 286

第2章　AI

01 生成 AI の仕組み ·················· 290

02 生成 AI を使ったデザイン開発 ···· 292

03 言葉の生成 ························ 294

04 絵の生成 ❶
　　プロンプトの基本構成 ············ 296

05 絵の生成 ❷
　　偶然性によるプロンプトの進化 ···· 298

06 生成 AI のタイプ ················ 300

07 生成 AI の種類 ❶
　　ChatGPT（DALL・E3）··········· 302

08 生成 AI の種類 ❷
　　Midjourney ···················· 304

09 生成 AI の種類 ❸
　　Stable Diffusion ··············· 306

10 生成 AI がもたらす創造性 ········ 308

11 生成 AI がもたらす効率性 ········ 310

12 生成 AI を活用した
　　デザイン開発の流れ ·············· 312

13 生成 AI と著作権 ················ 314

14 デザイナーの仕事は
　　どう変わるか ···················· 316

> 本書に記載された会社名、製品名、サービス名などは、一般に各社の登録商標または商標です。なお、本文および図表中では、「™」、「®」は明記しておりません。

おわりに ···························· 318

協力企業一覧 ························ 319

序章

マーケティングとは

マーケティングとは何でしょうか。

最初にできるだけシンプルにマーケティングの概念を
まとめました。何と 8 ページだけです。世の中で最も短
いマーケティングの紹介かもしれません。

まず、マーケティングが大事にしている「顧客満足」
と「売れる仕組み」、各協会が定義しているマーケティ
ングについて紹介します。

次に、どのマーケティングの教科書でも出てくる 10
のキーワードに触れ、パッケージデザインとマーケティ
ングの関わりと5つの役割について説明します。

01

マーケティングの基本フレーム ❶
顧客満足と売れる仕組み

最も大切なマーケティングの2つのキーワード

マーケティングの最も大切な考え方といえば、それは「**顧客満足**」と「**売れる仕組み**」の2つにつきます。

マーケティングがなかった時代は、つくったものを売るという一方的な行為でした。しかし、それだけだとだんだん商品が売れなくなってくる。ライバルの商品が売れていく。なぜだろう。

企業が安定的に商品を売っていくには、つくったものを売るのではなく、売れるものをつくるほうがいい。そのためには、お客さん（消費者）の困っていることや、解決したいこと、望んでいることを知って、それを解決する商品をつくる。そしてお客さんに満足してもらってその商品やその商品を提供する企業のファンになってもらうことで、安定的に売り上げを伸ばしていこう。こういった企業の成長の核となる考え方がマーケティングであり、その中心となるのが「顧客満足」です。

しかし、仮にヒット商品ができたとしても、1回きりでは企業活動は安定しません。ヒット商品の次の商品はさっぱり売れない、次の商品もなかなか売れない、そしてたまに大ヒット商品が登場、こういったことを繰り返していては、企業は生産や在庫の管理ができず、安定的に売り上げを伸ばし、利益を生み出すこともできません。そのために必要なのは「売れる仕組み」をつくることです。仕組みができてしまえば、企業は安定的に成長していくことができます。

この「顧客満足」と「売れる仕組み」がマーケティングの大切な2つの考え方です。

例えば、ある企業は消費者モニター制度があり、定期的に家庭を訪問して日常の様子を見たり、不便なことを聞いたりして、消費者を巻き込んで商品

開発を進める仕組みを持っています。自社の大事なお客さんの情報がいつも近いところにあり、お客さんと一緒に新商品を考えるという開発の仕組みは、まさに「顧客満足」と「売れる仕組み」をカタチにしているといえます。

　もちろんマーケティング活動は商品づくりだけではありません。どう知ってもらい、どう購入してもらい、どう使ってもらい、どう満足してもらい、また買いたいと思ってもらえるか。マーケティングは消費者に対するすべての企業活動と関係します。

▶▶▶ マーケティングの大切な2つの考え方

顧客満足

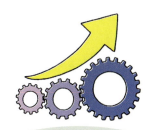
売れる仕組み

日本マーケティング協会による定義

マーケティングとは顧客や社会と共に価値を創造し、その価値を広く浸透させることによって、ステークホルダーとの関係性を醸成し、より豊かで持続可能な社会を実現するための構想でありプロセスである。

アメリカマーケティング協会による定義

マーケティングとは、顧客、依頼人、パートナー、社会全体にとって価値のある提供物を創造・伝達・配達・交換するための活動であり、一連の制度、そしてプロセスである。

序章　マーケティングとは

02

マーケティングの基本フレーム ❷
フォークのフレームで考える10のキーワード

これだけはまず覚えたい

　マーケティングと企業活動をできるだけシンプルに整理すると、フォークで示すことができます。次で紹介するマーケティングでよく出てくる10のキーワードとその関係性をフォークのフレームで整理することにより、マーケティングをよりよく理解できると思います。一つひとつの詳細な定義は専門書に譲るとして、ここではできる限り簡単に説明します。

1. **ニーズ**　　　　　　：消費者が困っていること（インサイト）
2. **コンセプト**　　　　：ニーズを解決する独自の方法
3. **セグメンテーション**：市場をどういった切り口で分けるのか
4. **ターゲッティング**　：市場で購入してほしい人の具体的なイメージ
5. **ポジショニング**　　：競合商品と比較したときの自社商品の価値
6. **プライス**　　　　　：いくらで売るか
7. **プレイス**　　　　　：どこで売るか
8. **プロモーション**　　：どんなコミュニケーションを実施するか
9. **プロダクト**　　　　：どんな商品をつくるか
10. **ブランド**　　　　　：消費者に約束するメッセージと世界

　フォークとこの10のキーワードの関係を説明します。まずスタートは消費者ニーズです。この消費者ニーズに対してそれを解決するコンセプトが生まれます。

　コンセプトを考えるときは、まず市場を人やニーズなどいくつかの軸で細かく分けていきます。これがセグメンテーション（Segmentation）です。

　さらに、市場の中で、どういった人に使ってもらいたいかを具体的に考えていきます。それがターゲット（Target）です。

　世の中に色々な競合商品が存在する中で、消費者にとって自社商品はどの

ような価値を持つのかを考えるのがポジショニング（**P**ositioning）です。

この3つの頭文字をとって **STP** といいますが、これが決まったら具体的にマーケティング計画を考えるのに、商品（**P**roduct）、価格（**P**rice）、売り先（**P**lace）、広告（**P**romotion）の4つを決めます。どんな商品にするか、価格はいくらで、どこで売るか、広告にはどんなキャッチコピーやビジュアルを使うのかなどです。この4つの頭文字をとって **4P** といいます。

最後に、ブランドはマーケティング計画全体の柱であり背骨のようなものです。消費者に何を約束するか、どんな世界をつくっていくか、人に例えたらどんな人か、といった内容がブランドを構築する要素になっていきます。

大切なのはこれら10の要素が一貫性を持って統合化されていることです。コンセプトと商品が異なったり、高級なブランドイメージなのに価格が安かったりしたら消費者は混乱してしまいます。マーケティングは10の要素が1つにまとまって初めて力を発揮します。パッケージデザインも、もちろんこのフレームに沿っている必要があるのです。

▶▶▶ フォークのフレームで考える10のキーワード

序章　マーケティングとは

03

マーケティングの基本フレーム ❸
パッケージデザインの5つの役割

マーケティングにおける役割を知る

　パッケージデザインとマーケティングを考える上で、パッケージデザインには大きく次の5つの役割があると考えます。

1．商品価値の創造

　パッケージデザインは商品価値の一部です。使い勝手を向上させたり、中身を保存・保護する機能を充実させたりすることで消費者の利便性を上げるといった機能的価値で商品価値を実現します。また、食品ならば「おいしそう」、医薬品ならば「よく効きそう」といった情緒的価値をパッケージデザインによってつくり出すこともできます。

→ p.52

→ p.54

2．コンセプトの伝達

　多くの新商品が並ぶ店頭では、消費者にその商品の良さを短時間で伝達することが必要です。店頭で見られる一瞬のうちに、商品のベネフィット（利点）を伝え、手に取ってもらう。これがパッケージデザインの役割です。また、商品が伝えたいイメージを形やビジュアルで情緒的に表現することもパッケージデザインの大切な役割です。

3．コミュニケーションの設計

　パッケージデザインと広告・PR・店頭ツール・WEB・SNS といったメディアにおいては、一貫して同じ情報を伝えていく必要があります。それによって、強く効率的なコミュニケーションが実現します。パッケージデザインは多くの場合、広告に先駆けて、その制作がスタートします。その場合には、最初に全体を通じて届けるべき一貫したメッセージやイメージを設計した上で、パッケージデザインを進めていくことが求められます。

4．経験価値をつくり出す

　パッケージを購入してから廃棄するまで、購入する人、使う人にどのよう

な思い出や経験をプレゼントできるかを考えます。商品そのものではなく、商品を通じて得られる価値を経験価値といいます。パッケージは買ってから使用時、廃棄時まで様々な価値ある経験をつくり出すことが可能です。

→ p.56

5．ブランド資産の形成

　パッケージデザインは、消費者の記憶に残る大切なブランド資産です。ブランドイメージをつくるに当たり、パッケージデザインに様々なイメージ・情報を集約して、1つの記号として消費者に印象付けることができます。色、ロゴ、キャラクター、写真、形など、パッケージデザインを形成する様々な要素を記憶に残る要素として育て、消費者のイメージの中にブランド資産を形成します。

▶▶▶ パッケージデザインの 5 つの役割

1	商品価値の創造	●機能的価値の創造（保存・使用） ●情緒的価値の創造（感覚転移）
2	トライアルの実現	●ベネフィットを短時間で正確に伝えることによりトライアル（初回購入）を実現する ●伝えたい世界を形やビジュアルで実現
3	コミュニケーションの設計	●コミュニケーションの骨組み・起点をつくる役割（マーケティングコミュニケーションはパッケージデザインからスタートする）
4	経験価値をつくり出す	●購入から廃棄までパッケージを通じて経験・思い出をつくる役割
5	ブランド資産の形成	●ブランドの記憶や世界観をつくる重要な1要素としての役割

序章　マーケティングとは

04

マーケティング活動との関わり

デザインは4つのマーケティング活動との関わりを持つ

　マーケティング活動とパッケージデザインには大きな関わりがあります。デザインの仕事はとかく、個人の趣味や嗜好に走りがちですが、マーケティング活動をしっかりと整理することで、デザインのあるべき姿が見えてきます。

１．コンセプト開発

　「この商品のどこに焦点を当てて訴求すれば、消費者が手に取ってくれるのか」。つまり商品の最も大切な本質的価値を突き詰めていくというデザイン制作の出発点もあれば、アイデアをいったんデザインにして商品のコンセプトそのものを考えていくというデザインの使い方もあります。また、商品を買った後の使い方や廃棄の仕方まで考えてデザインアイデアをつくっていくことも必要です。パッケージデザインの制作プロセスは、コンセプト開発そのものでもあります。

２．コミュニケーションプラン

　パッケージデザインはその後のコミュニケーションプランと深い関わりを持っています。パッケージで伝えているメッセージや世界観と共通した、統一感のある広告コミュニケーションが求められます。また、掲載される様々なメディア特性を考慮して、パッケージデザインにどんな役割を持たせるのかも大切です。例えば、EC サイトでの販売がメインであれば、商品特徴の伝達はパッケージ上ではなく EC サイトの説明欄に任せ、パッケージデザインは使用シーンやターゲットのインテリアに合わせたデザインをすることが可能です。逆に店頭で、消費者自身に選んで手に取ってもらう場合には、パッケージ上にはその商品の魅力が瞬時に伝わる言葉や効果を盛り込まなければなりません。

3．ブランドマネジメント

　パッケージデザインはブランドの大きな要素です。パッケージデザインがブランド資産そのものになっているケースもあります。パッケージデザインは、そのブランドの提供価値やパーソナリティー、エッセンスを体現している必要があります。また、パッケージデザインのリニューアルでは、カラーやロゴ、形など、ブランド資産となっているデザイン要素を残しながら、新鮮さを維持することが必要になります。

4．競争戦略

　デザインは競争戦略に従います。リーダーかフォロワーか、市場は今、導入期か成熟期か、どういった競争ポジションを確立したいのか、こういった自社の取るべき競争戦略によってデザインは大きく異なります。新たな市場を創造していく商品であれば、今までにないパッケージデザインが必要になりますし、そのカテゴリーにおいて圧倒的に強いリーダーの立場であれば、時には先行発売された他社のデザインに近づけるというデザイン戦略も存在します。

▶▶▶ パッケージデザインと関わるマーケティング活動

1. コンセプト開発	3. ブランドマネジメント
● 商品の訴求点を絞り込む ● アイデアを可視化する ● 使用から廃棄までの楽しさや利便性を形にする	● パッケージデザインをブランド資産として管理、強化する
2. コミュニケーションプラン	4. 競争戦略
● 売り場の特性を考慮してパッケージデザインのコミュニケーションにおける役割を考える	● 自社競争戦略とデザインに統合性を持たせる

序章　マーケティングとは

Part 1

マーケティングと
パッケージデザイン

第1章

消費者を思う

第2章

商品を考える

第3章

他社に勝つ

Part 1 ● 第1章

消費者を思う

　マーケティングの基本はお客さんの気持ちに寄り添うことです。パッケージデザインをつくるには、お客さん（消費者）の心に商品の良さ、デザインの美しさが伝わらなければなりません。この章では「消費者を思う」とはどういうことか、そして消費者の心とパッケージデザインはどう結びつくべきかについて扱います。

　消費者の気持ちを知る「インサイト」という言葉の意味やSTPという3つのマーケティングの基本フレーム、そして消費者の気持ちに大きく影響を及ぼす社会環境とパッケージデザインについて整理します。

01

セグメンテーション

新しい分類に合う商品とデザイン

　新たに商品をつくっていこうとするときには、どういった市場のどの範囲に向けた商品をつくるかを考えるために市場を細分化していきます。

　メーカーからすれば1つの商品ですべての市場をカバーできれば利益がでるので理想ではあるのですが、実際は多くの人がそのカテゴリーを使い始めると、市場そのものが大きくなるのと同時に様々な要望が出てきます。この要望すべてに応えた商品をつくるのは商品数が多すぎてしまうので、企業はちょうどいい共通の要望がまとまった範囲を選択して商品を投入します。このマーケティングの行為、考え方を**セグメンテーション**といいます。

　この考え方は、マーケティングの大事な1つのフレームです。マーケティングの歴史は、顧客満足とセグメンテーションといってもいいでしょう。

　世界に最初に登場した車は1種類でしたが、やがて赤の色の車が欲しい、2人乗りのオープンカーが欲しい、もっと荷物が運べるタイプが欲しいと要望が増えていきました。車に限らず、どの市場でも繰り返されています。昔はしょうゆだけだった調味料が、今では焼き肉のたれ、めんつゆ、すき焼きのたれと特定の目的に合わせて様々な商品群がありますし、ドレッシング、化粧品、シャンプーなど多くの人が使う規模になった市場には必ずこのセグメンテーションの考え方があります。

　メーカーごとに最適な大きな塊の**セグメント**を見つける競争でもあるため、セグメンテーションは決まった形があるわけではありません。大きな塊のセグメントを見つけることができれば、ヒット商品になる確率が高まります。すでに出来上がっているセグメントに従って商品を出そうとしても、そこにはすでに競合がいることが多いので、シェアや利益を出しにくい状態に

Part 1　マーケティングとパッケージデザイン

なっています。新しい切り口を求め、市場を細分化していくダイナミズムはマーケティング活動そのものといえます。パッケージデザインを考えるときには、この細分化されたセグメントの特徴をよく理解した上でデザインをしていくことが求められるのです。

▶▶▶ **シャンプーにおけるセグメンテーションの軸の例**

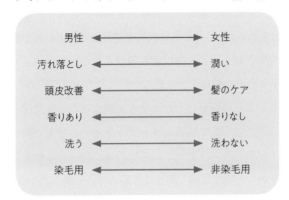

▶▶▶ **シャンプーにおける代表的な4つの切り口**

①	人口動態変数（デモグラフィック変数）	年齢、性別、家族構成など
②	地理的変数（ジオグラフィック変数）	国や地域、文化など
③	心理的変数（サイコグラフィック変数）	価値観やライフスタイルなど
④	行動変数（ビヘイビアル変数）	購入頻度や認知・知識など

第1章 消費者を思う

02

ターゲッティング

使う人をイメージする

　セグメントの中でどこを選択して**標的市場**にしていこうかと決定していくのが**ターゲッティング**です。標的市場は自社の経営資源が生きるか、簡単にまねされない仕組みをつくれるか、この市場に成長が見込めるかといった様々な視点を検討した上で決定されます。企業は勝ち続けられる可能性の高いセグメントを選択する方が有利ですから、その視点で狙うべき市場を定めます。ターゲッティングにはこのように細分化した市場を選択するという意味もあるのですが、想定される使用者を指す場合も**ターゲット**という言葉が使われます。パッケージデザインのオリエンテーションでは、この「どんな人にこの商品を使ってほしいのか」という意味で使うことの方が多いかと思います。「今回の商品のターゲットはこういう人です」というように使われます。

　パッケージデザインをつくるときには、想定される消費者のイメージを具体的に持つことが重要です。例えば、どんなところに住んでいて、どんな生活をしているのか、どんなライフスタイルで趣味や家族構成はどうだろうと想像を膨らませていきます。ボックスティッシュであれば、ターゲットのリビングに合うデザインである必要がありますし、子供向けのキャラクターを配したソーセージのパッケージであれば、親子の会話やスーパーでのやり取りをイメージする必要があります。10万円のクリームであれば、対象となる富裕層の生活や美の教養をしっかりと把握していなければなりません。女子高生向けの化粧品であれば、今何がかわいいとされているのかを知る必要があります。受け取る人がどんな人なのかをイメージすることが大切です。

　1人の具体的なターゲットを設定し、それに合うように商品やデザインをつくる**ペルソナ**という考え方があります。もちろん実際のターゲットは1人

Part 1　マーケティングとパッケージデザイン

ではないのですが、対象のセグメントの典型的な1人の人物像をできるだけ細かく設定することで商品やデザインのゴールが明確になり、結果的にそのセグメント全体に受け入れられるものに仕上がっていくというアプローチです。

▶▶▶ ターゲッティングの2つの意味

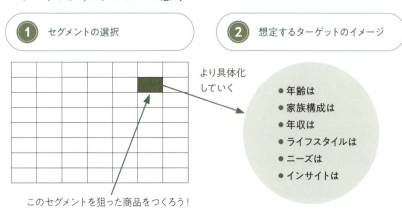

▶▶▶ ペルソナを設定して進めるアプローチ

より詳細な1人の人物像を描き出して進めていくことで
明確な商品・デザインをつくることができる

名前	佐藤あゆみ	居住地	東京都目黒区
性別	女性	学歴	大学卒業（経済学部）
年齢	38歳	職業	人事系コンサルティング会社勤務
結婚	既婚	年収	約800万円
悩み	忙しさによる疲れの蓄積、夫の家事・育児サポートの不足		
今後のビジョン	仕事と家庭のバランスをより良く取りながら、自分の趣味や興味にもっと時間を割く。子供たちが自立した後のキャリアアップや趣味活動にも期待。		
家族構成	夫（社長）、小学生の子供2人		
趣味	料理、読書、最近は昔好きだった絵画にも再び興味が。		
特技	タイムマネジメント、多様なタスクの同時進行		
性格	責任感が強く、頼りにされるタイプ。しかし、たまには誰かに甘えたいとも思う心優しい面も。		
休日の過ごし方	家族でのんびり過ごすか、趣味の時間を楽しむ。最近は自然を感じられる場所に出かけることに興味があり、子供たちを連れて近郊の公園や美術館を訪れることも。		

第1章　消費者を思う

03

ポジショニングとパッケージデザイン

それはスープなのかヌードルなのか

ポジショニングとは商品やブランドの相対的な位置づけを明確にしたもので、2つの意味があります。1つはカテゴリー選択の意味、もう1つはカテゴリー内での位置づけです。どちらも大切です。

日清食品は1970年代に米国市場を開拓する際、3つの選択肢がありました。ヌードルとして売るか、スープとして売るか、当時の米国では新しいカテゴリーであったラーメンとして売るかです。結果、日清食品は大変な努力を経てラーメンというカテゴリーを米国に創造したことで成功を手にします。新商品の場合、どのカテゴリー、どの棚で売るのかはとても大切な選択になります。置かれる棚によって競合商品が変わってきますし、求められるデザインのトーン＆マナーも変わってくるからです。どの棚で売るのかが不明確な商品の多くは失敗します。戦略に一貫性を保てないからです。スープとして売るならばスープとしての戦略、ヌードルとして売るならヌードルとしての一貫したマーケティング戦略が求められます。「ラーメンとして行くぞ！」と決めたら、ラーメンとしての味、価格、品ぞろえ、パッケージにしていく必要があります。

もう1つのポジショニングの意味は、カテゴリー内の位置づけです。それは、決定したカテゴリーの中において、競合商品と比較してどのような商品として消費者に認識してもらうのかということです。この2つがポジショニング戦略ではとても大切です。

これらを受けてパッケージを考えてみましょう。カテゴリーにはそのカテゴリー特有のデザインのトーン＆マナーがあります。色やおいしさを伝えるためのシズル表現など、そのカテゴリー独特のデザインのルールのようなも

Part 1　マーケティングとパッケージデザイン

のです。まずはこれを外さないことが大切です。

　次に、他の商品との違いをしっかりと伝えることです。特にカテゴリー内では、嗜好性の高いカテゴリーであるほど、目標とする位置づけがデザイン制作時に重要になります。あえて全く新しいカテゴリーをつくり上げていく選択もありますが、その場合は日清食品の米国の例のように、市場創造のための長期にわたる投資が必要になります。

▶▶▶ 2段階のポジショニング戦略とパッケージデザイン

第1段階　カテゴリー選択
- どのカテゴリーの製品なのかの棚で売るのかを決める
（競合・提供価値・価格・中身・デザイン方針の決定）

第2段階　カテゴリー内の位置づけ
- 他の商品と比べてどう違うのかを決定し、その目標に向かってデザインを制作する

▶▶▶ 日清食品のグローバルブランド戦略

核となるブランドアイデンテティを守りながら、各地域での市場・競争環境や
ターゲットの嗜好に応じたブランドプロポジションを確立

欧州：Authentic Asia
本場の美味しさを徹底的に表現

北米：Innovative Premium
米国：新スタイル＆本格的なアジアフレーバー

中国・香港：Qualitative Goodness
安心安全・具材豊富で品質のある美味しさ

ブラジル：Unique and Variety
袋麺にはない唯一無二の多様なフレーバー

第1章　消費者を思う

04

パッケージデザインをつくるとは何をすることか

コミュニケーションと経験価値

　パッケージデザインをつくるということはそもそも何をすることなのでしょうか。パッケージデザインには、「その商品の本質的な価値を見つけ出し、凝縮して消費者に伝える」というコミュニケーションの側面と、その「本質的な価値を体験してもらえるように経験全体を計画し実現する」という経験価値の側面があります。この２つを計画し、実現していくことがパッケージデザインをつくるということです。

　通常新しい商品には、その製法、原材料、歴史、効果効能、使い方、価格、利便性など数多くの情報があります。この大量の情報の中から消費者にとって最も価値のある部分に光を当て、それが伝わるように可視化していきます。これが容器のデザインやグラフィックのデザイン、いわゆる**コミュニケーションに関わるデザイン**です。

　例えば、小林製薬の商品は一瞬で何の役に立つのかが分かりますし、エビスビールのシリーズは瞬時にコクのある豊かなビールの味わいと広がりを感じさせてくれます。

　一方で、ユーザーの立場で考えると「商品を知り」、「購入し」、「使用し」、「廃棄する」という商品を通じた一連の体験です。パッケージは中身の品質を保持し、正しく使えるように使い方を分かりやすく伝え、社会が求める形で廃棄できるようなあり方を企画し、実現していきます。

　コーヒー豆のパッケージは、豆の鮮度を保つために内側のガスが排出されるように窓が設置されていますし、バーモントカレーの裏面には誰もが分かりやすくおいしいカレーができるような手順が書かれています。い・ろ・は・すのパッケージは、ペットボトルを環境にやさしい形で廃棄できるようにつ

Part 1　マーケティングとパッケージデザイン

くられています。こういった一連の経験を企画し、実行していくことはパッケージデザインの大切な仕事です。こちらは**経験のデザイン**です。

最初は構想や情報の塊でしかなかったものが、少しずつ商品になって最後は消費者に届き、使用され、廃棄され、高い満足を獲得して、また商品を購入してくれる。この一連の旅を実現していく工程がパッケージデザインだと捉えることができます。

▶▶▶ **パッケージデザインをつくる工程**

たくさんの商品情報
（製品、原材料、歴史、効果効能、使い方、価格、利便性など）

本質的価値の抽出

コミュニケーションの実現	経験価値の実現
消費者に伝わるようにする	消費者が経験できるようにする

「い・ろ・は・す」は The Coca-Cola Company の登録商標です。

第1章 消費者を思う

29

05

良いデザインとは何か

売れ続けるデザインと愛されるデザイン

　良いデザインとは何か。企業から見た良いデザインとは、「売れるデザイン」です。商品の魅力を短時間で伝え、ブランド資産として長期間にわたり売り上げに貢献してくれる**「売れ続けるデザイン」**こそが良いデザインです。

　一方、社会的視点から見た良いデザインとは、必ずしも売れるデザインではありません。時代を反映している、独創性が優れている、多くの人々に感動や思い出を与える、未来に影響を与える—デザインにはこういった金額換算できない社会的・文化的な価値があり、社会全体から見た良いデザインとは**「愛されるデザイン」**ということができると思います。

　人々の家庭や生活に入り込むパッケージデザインは、審美性や楽しさを伴って人々の生活を豊かにする機会と責任があり、それが社会的視点から見た価値につながっていると考えられます。従って、売れるか売れないかという視点だけでデザインの価値を判断することはできません。人々の生活の中で育まれ人々に愛されるデザインは、民藝の考え方に通ずるものがあるように思えます。

　しかし、本書ではマーケティングを切り口にあくまでも企業から見た良いデザインをテーマにしています。売れているデザインの中には社会的価値にも優れ、多くの人に愛され続けているデザインがあります。キッコーマンのしょうゆ瓶や三ツ矢サイダー、資生堂オイデルミン、ポカリスエットなどはその代表例でしょう。商品としても売れ続け、また多くの人に長く愛されるデザインを目指したいものです。

Part 1　マーケティングとパッケージデザイン

▶▶▶ 良いデザインの定義

① 企業視点＝売れ続けるデザイン

■ デザインで売れる売り上げ
■ 中身で売れる売り上げ

デザイン価値

1年目　2年目　3年目　4年目　5年目　6年目　7年目　8年目　…X年目

② 社会的視点＝愛されるデザイン

■ 面積＝認知の広さ
　　　　×
　　高さ＝デザインの記憶の深さ
　　　　＝
■ 体積＝社会的価値

多くの人に認知され、
少しずつ愛されたデザイン
（マス商品に多い）

認知されたのは少数だが
深く愛されたデザイン

「売れ続けるデザイン」かつ「愛されるデザイン」も多く存在する

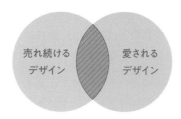

売れ続ける
デザイン

愛される
デザイン

インサイト

第1章　消費者を思う

インサイト

消費者の心の奥を知る

　マーケティングの大切な考え方は、序章でも説明したように「顧客満足」にあります。この顧客満足を得るため起点になるのが、消費者の悩みや課題を知ることです。困っていること、解決すべき解題について商品を通じて解決していくこと、これが最も効率的に顧客満足を得るためのアプローチになります。人々が困っていることや解決したい課題のことを**ニーズ**といいます。

　しかし、多くの人にとって「あなたの困っていること、課題は何ですか?」と聞かれて即座に答えることは難題です。日本をはじめ、生活環境の整っている国ではすぐに答えられるような困りごとはおおむね解決されています。心理学の実験では、人が自分の困りごとや悩みを言語化できる割合はわずか5%と言われています。これは人が困っていると感じることはあっても、自分で言語化できないことを意味しています。

　言語化できる、つまり顕在化されている課題や要望は**顕在ニーズ**、それに対して無意識の中に存在して自分でも言語化できない課題や要望を**潜在ニーズ**といいます。ただし、インサイトの概念は実務的なもので、学術的には定義されていません。そのため潜在ニーズの中でもその存在を自己認識できていないような心の声をインサイトとする考え方もあります。

　人が自分の課題や要望をわずか5%しか言語化できないのであれば、人々の持つ要望や課題の大半は潜在ニーズやインサイトです。商品の開発もパッケージデザインも、この顕在化されていない潜在ニーズやインサイトをどう把握し、働きかけるのかが大切です。

　では、このインサイトにはどうやってたどり着くことができるのでしょうか。各企業でインサイトを発掘する独自の手段を持っていますが、典型的な

Part 1　マーケティングとパッケージデザイン

→ p.266

方法は観察調査でしょう。丁寧に消費者の行動を観察し、感じたことを掘り下げていきます。観察後に直接インタビューを用いながら、インサイトを確かなものにしていきます。消費者が言語化できないインサイトを、観察という手段を通じて見る側が発掘していくのです。観察についてはこの後のページでも紹介しますが、大切なことは、消費者に心を寄せる気持ちです。この消費者に心を寄せる力は、企業によって大きな差があると感じます。

▶▶▶ インサイトとは何か

> 言語化できない心の奥底で望んでいること、解決したいこと

インサイトは学術的に明確に定義されていないため2つの考え方がある。本書では潜在ニーズも含めたもの（表の①の部分）をインサイトと定義する。

名称	内容	自己認識	言語化
顕在ニーズ	顕在化している 消費者の課題・要望	自己認識あり	言語化できる
潜在ニーズ	潜在的な 消費者の課題・要望	自己認識あり	言語化できない
インサイト	潜在ニーズを 引き起こす源	自己認識なし	言語化できない

第1章　消費者を思う

07

インサイトとパッケージデザイン

マイナスから0と0からプラスと

　インサイトとパッケージデザインを考える上で大切なことが2つあります。それは「**マイナスから0を目指す**」のか、「**0からプラスを目指す**」のかということです。

　「マイナスから0を目指す」というのは、消費者の抱えている課題を解決していくというイメージです。使い勝手が悪い、分かりにくいというような課題を解決するアプローチです。これに対して「0からプラスを目指す」というのは消費者が知らなかった楽しさや美しさ、利便性などを実現する、「新しい価値を付加する」方向での価値提供です。2つとも消費者に対して価値を提供することなのですが、この2つはアプローチが違います。

　「マイナスから0を目指す」場合は、今ある課題を消費者に寄り添いながら丁寧に調べていき、その課題を解決するアイデアを考え実現していくというアプローチになります。一方で、「0からプラスを目指す」場合、**インサイト**を探っていくだけでは達成できません。生活を楽しみたい、便利に送りたい、美しくなりたい、といった当たり前のニーズに対して期待を超えるデザインを実現していくことが求められます。いずれの場合も、完成されたデザインはインサイトに応えるものでなければならないのですが、そこに到達するアプローチはこの2つで大きく異なります。

　例えば、シリアルの袋を毎日の開封を楽にするためにジッパーをつけたり、スプーンを使って取り出すときにスプーンや台所が汚れる小麦粉の袋に対して、小型容器を開発してスプーンを不要にしたりする。納豆容器の中のフィルムや調味料の小袋がネバネバして取り出しにくいので、フィルムと小袋を廃止し、ふたを割って調味料を落とす構造にする。こういったパッケージデ

Part 1　マーケティングとパッケージデザイン

ザインは「マイナスから0を目指す」アプローチです。

「0からプラスを目指す」場合は、例えば、お菓子の形が文鳥に似ているから文鳥が会議をしているパッケージデザインにしてみよう、樹木との共生をテーマにして木と樹脂という全く異なる素材を組み合わせたパッケージをつくろうなどのアプローチであり、ブランドのメッセージや高い技術力を伴ったアイデアが起点になります。

▶▶▶ インサイトに応えるパッケージデザインの2つのアプローチ

0から
プラスを目指す

ブランドのメッセージや高い技術力を伴ったアイデアが起点

0

消費者に寄り添いながら丁寧に調べることが起点

マイナスから
0を目指す

第1章 消費者を思う

08

ロングセラーブランドのリニューアルの失敗

デザインは消費者のもの

　米国の「トロピカーナ」がパッケージデザインのリニューアルをしたところ、売り上げが 20%ダウンするという失敗がありました。ロングセラーブランドのデザインリニューアルの失敗は、この例に限らず、日本国内でも見られます。ひどい場合には結果的にブランドごと売却というケースもあります。それだけロングセラーブランドのパッケージデザインのリニューアルはリスクを伴っています。

　そもそも、なぜ、パッケージデザインをリニューアルする必要があるのでしょうか。それはブランドの鮮度を保ち、長期にわたって輝くブランドとして維持強化するためです。市場には新商品が次から次へと出てきます。この流動的な市場の中で、自社のポジションを常に一定に保つのは容易ではありません。良い商品であればすぐに競合はまねてきます。こういった変化の激しい市場の中で、ブランドのポジションを維持し、新鮮さを保つためにパッケージデザインのリニューアルは大切なマーケティング手法なのです。

　もちろん中身も同じように進化させていく必要がありますが、中身をいくら進化させても、デザインを変えなければ、消費者からは古いデザイン＝古い商品＝変わっていない商品と判断されてしまいます。

　リニューアルのときに大切なのは、「デザインは消費者のものである」という認識です。法律上の意匠権は企業に所属しますが、無形のデザインイメージは、消費者の頭の中にあります。つまり消費者のものでもあるわけです。ですから、今まで大切にそのブランドを使ってくれていた消費者を無視して、大幅にデザインを変更してしまうと、大きな失敗につながることがあるのです。

Part 1　マーケティングとパッケージデザイン

しかし、リスクがあっても、大きくデザインを変更して起死回生を図らなければならないときもあります。デザインを多少変更したところでじりじりと売り上げが減少して、いずれ市場から商品がなくなることが予想されるような場合です。こういった場合には、綿密な商品のリポジショニング計画を立てた上で、デザインのリニューアルを行います。

▶▶▶ **リニューアルの失敗**

トロピカーナのオレンジジュース
リニューアル後、売り上げが20％ダウン

インサイト

第1章　消費者を思う

パッケージデザインと社会環境

環境対応へのスピードが成否を分ける

　家庭ごみのおよそ6割がパッケージであり、「環境問題と包装容器」は社会の大きなテーマです。また、2015年9月に「持続可能な開発目標（SDGs: Sustainable Development Goals）」が国連本部で採択され、環境問題に対しどのように取り組みを強化していくかが大きな課題となっています。

　このような中で、企業はパッケージデザインの開発においていかに環境負荷を減らしていくかが問われています。ここ数年の変化として、こういった企業の取り組みは消費者に高く評価される傾向にあり、**企業の社会的責任**というだけでなく、マーケティングの重要なテーマとしても注目されています。

　ネスレ日本では、消費者の環境意識の変化にいち早く対応し、キットカットのパッケージデザインをプラスチックから紙に変更したことで大きな注目を集めました。サントリー食品インターナショナルでは、2020年4月に伊右衛門のラベルをなくした「伊右衛門ラベルレス（首掛式ラベル付）」を数量限定で発売しました。こういった各社の取り組みは環境への意識の高まりとともに消費者に注目されています。

　以前、イギリスから帰ってきたパッケージデザイナーの知人と話をしたときに、イギリスの消費者が商品を選択する際、包材に使われている原料や環境配慮に対する情報感度がいかに高いかを聞いて驚きました。「日本ではボールペン1つ買うのに、何重にも過剰に包装する。海外の人が来たときに、日本の環境への意識の低さを感じると思います」と言われ、どきっとしました。**環境に配慮したパッケージ**にいかに早く取り組めるかということが企業の成否を分ける大きなテーマになっています。

Part 1　マーケティングとパッケージデザイン

社会環境

▶▶▶ 環境に配慮した企業の取り組み

2019年9月　ネスレ日本
キットカット

2020年　サントリー食品インターナショナル
伊右衛門ラベルレス（首掛式ラベル付）

第1章　消費者を思う

39

SDGs

持続可能な開発目標に向けて

2015 年 9 月、国連本部において「国連持続可能な開発サミット」が開催され、「**持続可能な開発目標（SDGs**：Sustainable Development Goals）」が加盟 193 カ国の全会一致で採択されました。2030 年に世界が目指すべき 17 の目標が提示され、さらに細かく 169 の具体的なターゲットが設定されています。世界規模で地球環境のために行動しようという目標は 1992 年のリオデジャネイロの地球サミット以来、何度もテーマになっていますが、SDGs は目標がかなり細かく設定され、先進国も発展途上国もみんなで取り組む形にしたこと、持続可能性と企業価値が連動し投資家が動いたこと、などの背景があり急速に各国の重要なテーマとなりました。

日本でも実施に向け 2016 年 5 月に総理大臣を本部長とした「SDGs 推進本部」を設置し、日本の指針となる「**SDGs 実施指針**」を決定しました。指針の中では日本が優先すべき 8 つの重要分野があり、その中の 5 番目に「省エネ・再エネ、気候変動対策、循環型社会」が挙げられています。そこでは「食品廃棄物の削減や活用」がテーマとして扱われ、具体的に「食品リサイクル法に基づく安全・安心な 3 R 促進」がうたわれています。こういった SDGs の実現に向け、国連、日本政府、経団連、企業活動、学校教育と様々な主体が取り組む形になっています。

それぞれの進捗状況が定期的に国別に報告されることも各国の環境への取り組みを盛り上げているかと思います。SDGs の広がりに合わせ、各企業も経営目標として取り組むことになりました。パッケージに関わる分野で、リユースやリデュース、リサイクルといった活動にどう取り組むかは、1 企業のミッションとしてだけでなく、パッケージ全体のエコシステムの在り方と

Part 1　マーケティングとパッケージデザイン

いう企業、業界の垣根を越えた社会的な目標となっています。

▶▶▶ パッケージ分野との関わりの深い SDGs の目標とターゲット

12. つくる責任 つかう責任
持続可能な生産消費形態を確保する

12.5 2030 年までに、廃棄物の発生防止、削減、再生利用及び再利用により、廃棄物の発生を大幅に削減する。

12.6 特に大企業や多国籍企業などの企業に対し、持続可能な取り組みを導入し、持続可能性に関する情報を定期報告に盛り込むよう奨励する。

14. 海の豊かさを守ろう
持続可能な開発のために海洋・海洋資源を保全し、持続可能な形で利用する

14.1 2025 年までに、海洋堆積物や富栄養化を含む、特に陸上活動による汚染など、あらゆる種類の海洋汚染を防止し、大幅に削減する。

15. 陸の豊かさも守ろう
陸上生態系の保護、回復、持続可能な利用の推進、持続可能な森林の経営、砂漠化への対処、ならびに土地劣化の阻止・回復及び生物多様性の損失を阻止する

15.1 2020 年までに、国際協定の下での義務に則って、森林、湿地、山地及び乾燥地をはじめとする陸域生態系と内陸淡水生態系及びそれらのサービスの保全、回復及び持続可能な利用を確保する。

※この出版物の内容は、国連によって承認されたものではなく、国連またはその職員や加盟国の見解を反映するものではありません。
https://www.un.org/sustainabledevelopment/

3R

循環型社会を目指す活動

　パッケージの環境問題への対応として、**3R**というキーワードがあります。これはリデュース・リユース・リサイクルの3つの頭文字を取ったものです。2000年に循環型社会形成推進基本法に導入され、2004年にはG8で日本の首相が「3Rイニシアティブ」を提案するなど、3Rに関する取り組みや理念の浸透を国内外で図っています。日本では2016年5月に決定した「SDGs実施指針」の中に「食品リサイクル法に基づく安全・安心な3R促進」がうたわれたことで、3Rに関する活動は企業だけでなく消費者の意識・日常を大きく変えています。

　リサイクルは、"再び資源にする"という考え方です。2つの方法があり、廃棄物を燃料として利用する方法と、廃棄物を原料にして新たな商品をつくるという方法です。牛乳パックやペットボトル、空き缶などはリサイクルが積極的に行われています。

　リユースとは"もう一度使う"という考え方です。「洗浄などのプロセスを通じて、生産工程を経ずにもう一度使う」というプロセスです。ビール瓶として使われている「リターナル瓶」はこの典型といえます。

　リデュースは"減らす"という考え方です。そもそもの梱包材量を減らしたり、詰め替え用のリフィルなどを用意し、本体の容器を捨てなくて済むようにする方法などが考えられます。

　3Rの考え方は、それぞれの商品ブランドの考え方とも関わってきますし、リユースなどは、生産や回収面も含めた大きな仕組みが必要になることもあります。現在、できるだけ梱包の面積を少なくしつつ、パッケージの機能を失わないようにして、コストダウンと環境への配慮の両方を目指したり、リ

Part 1　マーケティングとパッケージデザイン

サイクルしやすいように素材ごとの分別がしやすいようにしたりといったパッケージ上の工夫がされています。多くの企業が３Ｒ社会に向けた商品づくりをしています。パッケージデザイン制作の際には、パッケージ本来の機能が損なわれたり、多大なコストがかかったりしないように、こういった流れを取り入れていくことが必要です。

▶▶▶ 3Rの考え方

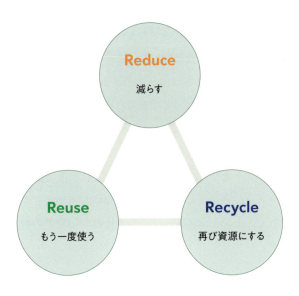

12

ユニバーサルデザイン

できるだけ多くの人が利用可能であるようにデザインする

　環境意識と共に、社会全体の意識が高まっているデザイン潮流の１つに**ユニバーサルデザイン**があります。ユニバーサルデザインの基本的な考え方は、「できるだけ多くの人が利用可能であるように製品をデザインすること」といえます。対象は製品だけでなく、建物や環境を含むハード・ソフトの両方が対象になっています。

　できるだけ多くの人が利用可能とは、「年齢、性別、国籍、個人の能力にかかわらず、使うことができる製品や建物、環境を最初からつくっていこう」と言い換えることができます。米ノースカロライナ州立大学のロナルド・メイスが提唱した考え方で、もともとは障害者を対象にした**バリアフリー**（障害を取り除く）という考えを進化させたものと考えられています。一過性のものではなく、デザインの必要条件になってきているといえます。

　ユニバーサルデザインには右ページに示すような７つの原則があります。すべてがパッケージデザインに当てはまるわけではなく、パッケージ本来の機能や経済性を犠牲にしてまで、ユニバーサルデザインを優先させることも現実的ではありません。現状の環境の中で、コスト面、実用面に合う形でユニバーサルデザインへと少しずつ進化させていくことを心掛けましょう。ユニバーサルデザインの開発では、アイデアを形にして終わりではなく、改善を積み重ねていくことでデザインの完成度を上げ、消費者の利便性を高めることが大切です。

Part 1　マーケティングとパッケージデザイン

▶▶▶ ユニバーサルデザインの7原則

原則 **1** 誰にでも公平に利用できる

原則 **2** 利用者に応じた使い方ができる

原則 **3** 使い方が簡単ですぐ分かる

原則 **4** 使い方を間違えても、重大な結果にならない

原則 **5** 必要な情報がすぐに理解できる

原則 **6** 無理な姿勢を取ることなく、少ない力でも楽に使える

原則 **7** 利用者に応じたアクセスのしやすさと十分な空間が確保されている

第1章　消費者を思う

アクセシブルデザイン

具体的な改善の道しるべ

　ユニバーサルデザインは「障害の有無、年齢、性別、人種等にかかわらず、できるだけ多くの人々が利用しやすいよう都市や生活環境をデザインする」という理想的な考え方ですが、現実的に達成するにはとてもハードルの高い目標です。

　そこで、より広い範囲でパッケージの改善を実現しようという考え方が、**アクセシブルデザイン**という考え方です。星川安之氏は『アクセシブルデザインの発想』（岩波書店）の中で、「福祉用具と一般製品の中間的な位置にある、多様な人の身体的・感覚的・認知的特性に対応した、直感的でわかりやすい工夫と、それを応用した製品とサービス」と紹介しています。この考え方は今後、高齢者が増加する日本において重要になっていきます。高齢者にとって使いやすいパッケージとは、例えば下記のようなものです。

・開封しやすい
・内容物が取り出しやすい
・表示・賞味期限などが見やすい
・誤って使用することがない
・廃棄しやすい

　パッケージでは既にこういった工夫がなされた商品を見ることができます。シャンプーの容器の側面には、表示が見えなくても手で触れば判別できるようにギザギザが入っています。このギザギザは日本のシャンプーの多くで共通して活用されています。牛乳パックの上部には触ることで牛乳と分か

Part 1　マーケティングとパッケージデザイン

るくぼみが設けられており、アルコール飲料の缶には点字が施されています。

　こういった多くの人が使いやすい包装の在り方を具体的に **JIS 規格**としてまとめたものが、日本工業規格「包装―アクセシブルデザイン―」です。ここではアクセシブルデザインを「何らかの機能に制限のある人に焦点を合わせ、これまでの設計をそのような人々のニーズに合わせて拡張することによって、製品をそのまま利用できる潜在顧客数を最大限まで増やそうとする設計」と定義し、表示や開封といった包装の具体的な視点を提供しています。こういった規格を参考にしながら、今までの商品の良さを損なうことなく、より多くの人が使える配慮を進めていきましょう。

▶▶▶ **アクセシブルデザインのパッケージ例**

社会環境

第1章　消費者を思う

Part 1 ● 第2章

商品を考える

　パッケージデザインをつくるには商品の本当の良さに
たどり着かないとなりません。「コンセプト」といわれる
商品が持つ本当の価値を見つけて、消費者に伝えるこ
とはパッケージデザインの大切な仕事だからです。

　そもそも商品の価値とは何でしょう。その商品の本
当の価値はどこにあるのでしょう。

　また、商品の原材料やつくり方はもちろん、どのよう
な売られ方をするかによっても、パッケージデザインの
在り方が変わります。

　「商品を考える」は、パッケージデザインをつくるため
の大切なスタート地点です。

01

伝えられることは3つ

欲張らずに絞り込む

　商品は開発担当者にとっては天塩にかけて育てた子供のような存在で、かわいいのはもちろん、自慢したいことがたくさんあります。「この子はこんなに良いところがあります。なぜかというと……」。確かに商品をつくっていくときには様々な苦労をして、製法、原料などを工夫してつくり上げていくため、伝えたいことがたくさんあるはずです。しかし、残念ながらパッケージデザインのスペースは限られています。

　売り場でも商品を見てもらえる時間も本当に一瞬です。そのため、パッケージデザインをつくるときには徹底的に情報をそぎ落とし、本当に伝えたいこと、伝えるべきこと、買ってくれる人の役に立てることに絞り込んでいく必要があります。

　目の動きを計測する機器であるアイ・トラッキングを使って情報量の増加と製品評価との関係性をテーマにした研究が行われました（石井 2020）。この研究では、調査対象者に同じ商品の商品名と容量だけ書かれたパッケージデザイン（水準0）をベースに1つずつ情報量を増やしていったとき、どの時点で製品評価が最大になるかを調べました。調査結果では、デザインなどを重視する消費者（促進焦点）は追加の情報量が3を超えた時点（水準3）で製品評価が下がり始め、情報過剰感は製品評価に負の影響を及ぼすことが分かりました。さらに、追加的なアイ・トラッキングの分析によると、パッケージの情報量が増えると、1カ所当たりの注視時間が短くなるのは当然ですが、注視時間全体も短くなってしまいました。

　調査をした石井裕明氏は、この理由を視線の移動時間の増加によるものと分析しています。難しい本を目の前にすると読むのを躊躇してしまう行動と

Part 1　マーケティングとパッケージデザイン

似ているかもしれません。パッケージには商品名とロゴは必ず記載されますし、容量や原材料の表示など記載しなければならない情報がありますから、そこから追加できる情報としては、3つに限定されているということです。つまり、「**伝えられることは3つ**」です。それ以上増やしていくとどんどん伝わらなくなっていきます。「デザインに余白があるじゃないか、もったいないだろうと上司に言われたんです」という話を聞いたことがありますが、情報量が多過ぎるとかえって何も伝わらず、本末転倒になってしまいます。

▶▶▶ **パッケージデザインの情報量と製品評価**

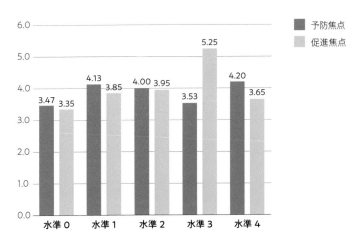

石井裕明著『消費者行動における感覚と評価メカニズム—購買意思決定を促す「何となく」の研究』(千倉書房、2020年)

商品価値の創造：機能的価値

使いやすさを追求し、商品価値を高める

　パッケージデザインには、商品価値を高める役割があります。商品の中身を保護し、どんな人でも使いやすいように利便性を向上させたり、効率的な運送を実現させることで流通効率を上げたりすることができます。開けやすい、飲みやすい、使いやすい、持ちやすい、捨てやすいといったパッケージデザインのハード面の改良は、より多くの消費者の支持を獲得できます。容器の開発は、時間とコストがかかる上に複数の部署をまたがる大がかりなものになるため消極的になりがちですが、その分、市場で競争優位を確立するためのインパクトのある戦術でもあります。これらの使いやすさを追求する商品価値は**機能的価値**と呼ばれます。

　機能的価値の開発は、その目的によって大きく３つのタイプに分けることができます。

１．課題解決型

　消費者の課題を発見し、丁寧に解決することによって使い勝手を改善していくパターンです。「クレラップ」は1960年の発売以来60年間改良を重ね、使い勝手が良くなるようにパッケージを進化させています。キリンビールでは、ビールを24本入りのケースで購入する一般消費者が増えたことから、段ボールの角を斜めに切り取ることで、より運びやすい形を実現しています。

２．新場面創造型

　容器形態を変えることで、今までになかった使用場面を生み出すパターンです。このパターンにより新しい市場をつくることが可能になります。例えば、ガムのボトル容器の登場は、オフィスのデスクに置いておきリフレッシュしたいときにすぐに手を伸ばすというガムの登場機会をつくりました。カッ

Part 1　マーケティングとパッケージデザイン

プ型のスナック菓子は、車のカップホルダーに置きやすいため、ドライブ中にスナックを食べる機会を増やしました。

3．新体験創造型

新しい容器の採用により、利便性を高めるとともに、新しい使用体験を通じて楽しさや今までにない驚きを提供するパターンです。花王は洗剤のボトルをトリガー式に変更することで、片手で使えるという利便性を向上させると同時に、気持ちよく、楽しく使うという新しい価値を提供しています。

▶▶▶ 機能的価値の開発3つのパターン

① 課題解決型
顧客の課題を発見し、丁寧に解決をすることによって使い勝手を改善していくパターン

「プラスチック刃」でどなたでも安心してお使いいただけます！

クレハカットで真ん中からスパッと切れます。V字形の刃なので、「切りやすい」！

クレラップは形状をV字にすることで、切れやすい、フィルムが引き出しやすいなど利便性を進化させ続けている

② 新場面創造型
容器形態を変えることで今までになかった使用場面を生み出すパターン

スナックの容器をカップホルダーに入るサイズにすることでドライブでの登場機会をつくる

③ 新体験創造型
利便性とともに使う楽しさや驚きなどの新しい体験を創造するパターン

従来の洗剤の容器をプッシュ式に変えることで片手で使える利便性を実現するとともに、今までにない使う楽しさや驚きなどを提供した

03

商品価値の創造：情緒的価値

良いパッケージデザインは中身の評価を変える

　歴史的に香水や基礎化粧品、洋酒のパッケージデザインには芸術作品と呼べるようなものが数多く存在します。パッケージデザインはそのデザインを通じて高級感や上質感を表現したり、見る人の気持ちをわくわくさせたり、豊かな気持ちにさせたり、欲しいと思わせたりする**情緒的価値**をつくり出すことができます。こういった情緒的価値を持つのは高級品や嗜好品のパッケージデザインだけではありません。デザインとして形にするものには、すべて情緒的価値が備わっています。例えば、お菓子のパッケージの中には楽しいキャラクターが登場することで、子供を元気にする力が備わっているものが数多く存在すると思います。

　それだけではありません。アメリカで行われたある実験で、同じオレンジジュースに対してＡとＢの２種類のパッケージデザインを用意しました。対象者は、Ａのパッケージデザインと一緒に出されたオレンジジュースの味と、Ｂのパッケージデザインと一緒に出されたオレンジジュースの味を比較するように依頼されます。その結果、デザイン評価が高いＡと一緒に出されたオレンジジュースの味を、被験者は高く評価したのです。同じオレンジジュースであるにもかかわらず、多くの人は、パッケージデザインがおいしそうに見えるほうを実際においしいと感じたのです。

　良いパッケージデザインは中身の印象を変える力を持っています。こういった現象は**感覚転移**と呼ばれています。「おいしそう」という感覚が中身まで転移するという意味です。ビールにおいても、ブラインドテスト（銘柄を提示せず、味だけで評価するテスト）で銘柄を的中できる人は少ない割に、銘柄にこだわる人が多い理由は、この感覚転移という効果にあると思われま

Part 1　マーケティングとパッケージデザイン

す。飲料や食品であればおいしそう、医薬品であれば効きそう、というデザインの力はそのまま中身の効用まで高めることができるのです。

　情緒的価値を表現していくのに大切なことが2つあります。1つは、どのようなゴールを設定するかです。例えば、高級感といっても様々な高級感があります。他とは違う自分の商品だけが持つ高級感を表現していこうとすることが大切です。もう1つは、すべてのデザインに情緒的価値が存在しているという点です。「うちの商品は高級品じゃないから、情緒的価値は関係ない」という人がいますが、すべての商品は人々の生活の中に入り込み、生活の1シーンになるという点で、情緒的価値をしっかりと考える責任があるといえます。

▶▶▶ **商品価値の創造：情緒的価値**

高級感・上質感など歴史的にも情緒的価値を兼ね備えたパッケージデザイン

ラリック ソレイユ オードパルファム
©LALIQUE SA

カミュ・エクストラ・エレガンス
(CAMUS EXTRA ELEGANCE)

普段の生活の中にあるすべてのパッケージにも情緒的価値がある
例えば菓子のパッケージには元気で楽しさを感じられるものが多い

暴君ハバネロ

ぷちっとソーダ

ガリガリ君

第2章　商品を考える

04

経験価値の創造

思い出をいかにつくるか

　モノそのものよりも、モノを通じて得た経験に価値があるという考え方があります。これを**経験価値**といいます。高校生の頃、毎日のように友人と一緒に飲んだ飲料や、母親に料理を初めて教えてもらったときの調味料、息子に初めてプレゼントされて一緒に飲んだお酒など、商品はその利用体験とともに様々な思い出をつくってくれます。そして、この経験価値をどうつくっていくかが近年、とても大切になってきています。

　人々が店頭ではなくインターネットでモノを買うようになってきたため、デザインの表現が自由になってきたということも要因の一つでしょう。通販サイトの「LOHACO」は「暮らしになじむデザイン」を大切にし、多くのファンを獲得してきました。北欧風の暮らしになじむデザインは、普段の生活の中にあっても、インテリアのようなパッケージとして心地よいデザインに囲まれて暮らす経験価値を提供しているといえるでしょう。また、「きっと勝つ」の語呂合わせで家族や友人からプレゼントされた「キットカット」は、多くの人の高校や大学受験の思い出になっていると思います。

　パッケージデザインは購入から廃棄まで、実に長い期間、消費者のそばにいます。つまり、経験価値を生み出す多くのチャンスに恵まれているといえるでしょう。パッケージを制作する際に、どんな体験、驚き、思い出といった経験を創出できるかを考えることは、とても大切です。広告、店頭、配送、使用、廃棄——こういったプロセス全体を通じてパッケージがつくり出せる経験価値は無限に存在します。容器が新しくなって、ぐっと使いやすくなったときに、「えー、こんなに使いやすいんだ！」「なにか楽しいな」と感じてもらうことや、容器を捨てるときに「びっくりするほど小さくなった」「環

Part 1　マーケティングとパッケージデザイン

境に配慮しているなあ」「こんなに素敵なパッケージは捨てずに飾っておこう」と思ってもらうことも、すべて経験価値なのです。

ちなみに UX と表記されることの多いユーザーエクスペリエンスという言葉があります。経験価値がマーケティング分野から、UX は認知科学・情報処理の分野から提唱された概念のため言葉が違っています。個人的には経験価値のほうが UX に比べて長期間の使用経験を想定しているように感じますが、基本的には両方とも同じ概念です。

▶▶▶ パッケージデザインがつくり出す経験価値
認知から廃棄まで様々な場面で思い出づくりが可能

第2章　商品を考える

05

感覚転移

味はデザインの影響を受ける

20世紀のアメリカのマーケティング分野で活躍したルイス・チェスキンが提案した概念に、「**感覚転移**」があります。これは、味覚はそれを包むパッケージデザインによって影響を受けるという考え方です。彼は、味に大きな差がない場合、もしくは多少差があったとしても、パッケージデザインが良ければ総合的な味の評価をひっくり返せるという実験を行い、検証しました。

アメリカのジャーナリストであるマルコム・グラッドウェルが『第1感「最初の2秒」の「なんとなく」が正しい』という著書の中で、この実験を紹介しています。競合状態にあるA社とB社のブランデーを対象に、銘柄を表示せずに試飲を行った結果、ほぼ同じスコアで好まれました。次にブランドを明記して試飲を行うと、A社がおいしいと答える人が半数を超えました。しかし、A社とB社のパッケージデザインとグラスを一緒に出して試飲を行うと、B社のほうがおいしいと答える人が圧倒的に増えたのです。この結果からA社のデザインをB社のデザインに近づけ、高級感を出すことでシェア奪回に成功したといいます。

同様の実験は、オレンジジュースやマーガリンでも行われ、パッケージの善し悪しが味覚へ大きく影響することが知られています。「パッケージがおいしそうに見えることはあなたにとって重要ですか?」と質問をしても、多くの消費者は「パッケージは関係ありません、大事なのは味です」と答えるかもしれません。しかし現実には、消費者はパッケージデザインの影響を大きく受けて味の評価をするのです。デザインは直接的に品質へ影響を及ぼします。味の品質を上げる努力とデザインの質を上げる努力は同じように大切ということが分かります。また、この結果は、消費者調査を行う際には実際

Part 1 マーケティングとパッケージデザイン

の消費場面を再現することが重要だということも教えてくれます。

▶▶▶ パッケージデザインは味覚に影響を及ぼす

チェスキンのブランデー実験
200人の消費者調査の結果

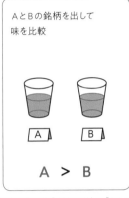

マルコム・グラッドウェル著、沢田博・阿部尚美訳『第1感「最初の2秒」の「なんとなく」が正しい』(光文社)を基に図版作成

パッケージデザインの重要性への示唆

① 初期購買を促すだけでなく、知覚品質を高めるためにもデザインの質を高めることには価値がある

② デザインはブランドと違う形で直接的に顧客満足に影響を及ぼす

③ より消費場面に近い形で消費者調査を行わないと判断を間違える

06

流通戦略 ❶
売り場とパッケージデザイン

―――――

売られる場所とパッケージデザインの役割

　パッケージデザインは戦略面の他に、どういった場所や業態で売るかにも影響されます。対象となる消費者やコミュニケーション戦略、商品が変わることで、あるべきデザインの姿も大きく変わるのです。

　例えば、コンビニエンスストアなどは販売データを基に非常に短期間で商品の評価がなされるため、初回購入（トライアル）[→ p.70] をいかに獲得するかが重要になります。また、狭い売り場での陳列になるため、単品、1フェイスでもしっかりと存在を主張するデザインが求められます。コンビニでは自分で消費するための購入が多いので、面白いデザインに対する許容範囲が広く、新しいデザインに挑戦しやすい面があります。

　スーパーマーケットはその逆で、家族のための購入が多く、消費者はコンビニよりも保守的になります。安心感のあるデザインの重要性が増すわけです。郊外型のスーパーやドラッグストアなどは広い店内で大量に陳列する売り方が多く、単品の見え方だけでなく、大量陳列での見え方や外箱のデザインなども重要になってきます。

　このように**売り場**によってデザインは変わってきますが、最近はインターネットによる通販が急速に伸びています。通販でのパッケージデザインは、店頭でトライアルを喚起させるというチラシ的役割が少ない分、情緒的価値を中心にデザインすることができます。通販のパッケージで重要なのは、どういったメディアにパッケージが掲載されるのかということでしょう。掲載メディアにデザイン案を貼り込んで検討してみることが重要です。新聞広告中心なのに、カラーやグラデーションにいくら凝っても意味がありません。もう1つは、届いてから廃棄するまでのプロセスを想定してデザインするこ

Part 1　マーケティングとパッケージデザイン

とです。届いたときの喜び、開けたときの驚きや廃棄のしやすさなど、こういったものまで想定してデザインすることが重要です。

▶▶▶ 売り場とパッケージデザインの役割

	売り場の特性	パッケージデザインの定石
コンビニ	●単品管理 ●個人消費 ●短期での商品評価	●新登場感がある ●短期トライアルの獲得 ●単独での存在感
スーパー	●家族向け ●保守的消費 ●1カテゴリーに多数の商品群	●安心感・らしさのあるデザイン ●競合とのポジショニングを明確に
郊外大型店	●大量陳列・大量購入 ●広い売り場	●大量陳列時の存在感
百貨店	●高価格 ●消費者の高関与度	●価格に見合う質感のあるデザイン ●ブランド価値を重視したデザイン
インターネット・通販	●パッケージ以外の情報伝達が可能 ●メディアへの掲載	●メディア特性に合ったデザイン ●経験価値を高めるデザイン

4P プレイス

第2章　商品を考える

61

07

流通戦略 ❷
プル戦略とプッシュ戦略

流通戦略によって異なるパッケージデザイン

プル戦略と**プッシュ戦略**は、マーケティングの教科書にもよく出てくる大切な戦略です。パッケージデザインの制作にも大きく関わってきます。

プル戦略とは、広告に投資することによって、消費者に買いにきてもらうという戦略です。「広告でこんな商品見たんですけど、このお店に置いてありますか？」と、販売店に消費者が訪ねてくるイメージです。

プル戦略のパッケージデザインでは、広告との連動が重要です。広告での記憶が店頭で商品とつながるようなデザインアイデンティティや表現の一貫性が欠かせません。「あっ、あの広告で見た商品だ」と店頭で思い出してもらえるようなコミュニケーション上のつながりを、広告活動全体でつくっていく必要があります。通販でも、ＣＭを見てすぐに購入できるように、記憶に残り、正しく検索・購入できる商品名やデザインが重要です。

プッシュ戦略は、販売店へのマージンを厚くして、積極的に自社の商品を消費者に推奨してもらう戦略です。ドラッグストアなどで「その商品もいいけど、こちらもいいですよ。効果は同じで、価格が安いんです」などと、販売スタッフが消費者に推奨するイメージです。消費者に対して、その商品やサービスの良さを積極的に推奨してもらうことで販売を伸ばします。これはインターネット上でも変わりません。インターネット上の有力サイトや有名人を通じて強く推奨してもらい、購入を喚起していきます。

プッシュ型のパッケージデザインでは、専門情報をしっかりと記載することがポイントです。なぜならば、プッシュ型のパッケージデザインは、プレゼンツールそのものだからです。商品を持ちながら、販売スタッフがあなたにその商品の良さを説明しているシーンをイメージしてください。売る人が

Part 1　マーケティングとパッケージデザイン

商品の良さを上手に説明できるようなパッケージデザインが必要です。具体的な情報の流れをよく整理した上で、効果効能、商品の特徴などを示す図やイラストなどが特に効果を発揮します。側面や裏面もプレゼンツールとして大切にデザインしてください。

▶▶▶ プル型デザインとプッシュ型デザイン

	プル戦略	プッシュ戦略
戦略の 考え方	●大量の広告投入により最終消費者の購買意欲を増大させ、流通の注文の増加を狙う戦略 ●購入頻度が高く、単価も低い最寄品 ●製品ライフサイクル(→ p.110) の成長期・成熟期	●卸、小売業への積極的な説明推奨活動を通じて最終消費者に説明・推奨を行い需要を喚起する戦略 ●高価格の商品やサービス ●説明が必要な専門的な商品 ●消費者の関心が高い商品やサービス ●製品ライフサイクルの導入
デザイン の考え方	広告との連動 ❶ 広告と店頭が結びつく表現・デザインアイデンティティ ❷ 一貫した広告表現 ❸ 記憶に残り、買いやすいフックをつくる	プレゼンツール ❶ プレゼンツールとしての役割 (説明・推奨しやすい) ❷ 側面・裏面の活用

4P
プレイス

第2章　商品を考える

63

プライベートブランド

揺るぎないストアコンセプトがあるか

　店独自のブランドを**プライベートブランド**（**PB**）といいます。この PB が成功すると、店のブランド力を高めることができます。PB のパッケージデザインを考える際に大きな影響を受けるのが、その店がどのようなコンセプトを持っているかという**ストアコンセプト**の存在でしょう。揺るぎないストアコンセプトの存在はデザインの方向性を明確にし、長年ぶれることがありません。無印良品、IKEA、LOHACO などがその好例でしょう。一方で、この 10 年ほど、著名なデザイナーに依頼した個性的なデザインで話題になったにもかかわらず、数年でまた元のデザインに戻るという迷走を繰り返しているケースも見かけます。なぜこういったことが起こるのでしょうか。

　要因の 1 つはストアコンセプトの薄さにあります。自社の存在価値ともいえるストアコンセプトが明確でない場合、デザインの方向性もぶれてしまいがちです。スーパー、コンビニ、ドラッグストアなどはいずれも、各カテゴリーの中でほぼ同質の価値を提供し、店舗数競争で成長してきた結果、消費者にとっては生活になくてはならないインフラになりました。それは素晴らしいことなのですが、その結果、差別化されたストアコンセプトという視点が欠けてしまっているように感じます。今まではそれでもよかったと思いますが、日本市場が成熟する中で各ストアは揺るぎない独自のコンセプトが求められる時代に入ってきています。例えば、コンビニの中でも「ナチュラルローソン」はコンセプトが明確で、パッケージデザインにも一貫性がある好例だと思います。

　もう 1 点、著名なデザイナーを採用して、多くの PB 商品を一気にリデザインしようとすると、どうしてもそのデザイナーのテイストと合わない商品

Part 1　マーケティングとパッケージデザイン

群が出てきてしまいます。例えば、味噌汁のような典型的な和のデザインで苦労していることが多いようです。それぞれの商品カテゴリーに特有のパッケージデザインの"らしさ"があります。これを上手に取り入れないと、消費者が購入したいと思うデザインが完成しないのです。

　揺るぎないストアコンセプトを基に、時間をかけて育てていくことが、強いPBのパッケージデザインを成功させるポイントだと思います。

▶▶▶ プライベートブランドのデザイン

- 揺るぎないストアコンセプトの存在　→　ぶれないデザインの方向性
- しっかりと時間をかけて展開　→　カテゴリーごとの特性を反映

無印良品

空っぽ（エンプティネス）

LOHACO

暮らしになじむ

IKEA

価格もデザイン

ナチュラルローソン

美しく健康で快適なライフスタイル

第2章　商品を考える

ECサイトにおけるパッケージデザイン

考えるべき4つの特徴

　ECとはElectronic Commerceの略で、ネット販売のことです。経済産業省によれば、食品産業を含むBtoC（Business to Consumer、小売り）物販系分野全体のEC化率は2022年度で9.13％となっており、**ECサイト**での購入率は年々増加傾向にあります。コロナ禍は大きい要因の1つですが、コロナ禍後もその比率は高まっており、市場規模にして10兆円を超えています。DtoC（Direct to Consumer、直販）など、製造企業が直接ECサイトを運営して商品を販売する形態も増加傾向にあります。こうした中で、ECサイトにおけるパッケージデザインのポイントと未来について考えたいと思います。

　ECサイト販売の代表的な特徴は4つあります。1つ目はパッケージデザイン以外に商品の説明ができる場所が確保されていること、2つ目は隣におかれる商品が変化すること、3つ目は表示されるパッケージのサイズが極端に小さいこと、4つ目はケース販売が多くなることです。この4つをふまえて、パッケージデザインで考慮すべきことは何でしょうか。

　まず、ケース販売が多く、表示サイズが小さいことから、圧倒的に認知度の高いブランドが有利です。よく知られたブランドを大きく使うことで定期購買を実現し、そこから購買層を拡張（エクステンション）していくパターンが効果的な展開です。多くのECサイトでは、「あの有名なブランドがケースで届きます」というメッセージを伝えるサムネイルが用意されています。商品の説明も十分にできるので、デザイナーには商品説明、画像、パッケージデザインを組み合わせた起承転結のある物語の構築が求められます。たとえば、認知の低い商品をECサイトで販売するには、従来のパッケージより

Part 1　マーケティングとパッケージデザイン

文字やシズル表現も大きくしてその商品が何かを伝えなければなりません。

　今後デジタル技術が進めば、EC サイト上の表示の切り替えもタイムリーにできるようになり、競合、ターゲット、時間、価格などに対して最も適切なコピーやデザインを瞬時につくり提示するようになるでしょう。そして、閲覧、クリック、購入結果などから、より購入率の高いデザインとコピーの組み合わせを自動的に提供できる未来が来ると思います。デジタル化の究極は 1 人 1 人の消費者に対して適切な情報が提供できることです。

▶▶▶ EC サイト販売の 4 つの特徴

1. パッケージデザイン以外に商品の説明ができる場所が確保されている

2. 隣に置かれる商品が変化すること

3. 表示されるパッケージのサイズが極端に小さい

4. ケース売りが中心になる

1. 認知の高いブランド＋ケース販売という王道表現

2. 主軸ブランドとの関連性を見せるパッケージ

3. 画像、コピーと役割分担を持たせた物語の構築

4. 大きく新商品の魅力を使える

4
P
プレイス

第 2 章　商品を考える

67

価格とパッケージデザイン

なぜその価格なのか

　価格（プライス）はマーケティング計画の中でもとても大事な要素です。価格が高すぎると売れないし、安すぎると利益が出ません。最適な価格を選択し、量も見込み通りに売れて、利益も見込み通りに出るのが理想です。この価格とパッケージデザインは、とても関係が深いものです。高い価格のパッケージデザインは、高い顔つき、風格が求められますし、安い価格のパッケージデザインは、親しみ、親近感とともに価格に合った、あるいは価格を少し上回る品質感を醸し出す必要があります。

　しかし、ここで大切なのは価格に込められた意味です。価格にはそのマーケターやブランドマネージャーの意思や魂が込められていると思います。デザインをするときには、ただ単に高いか安いかだけでなく、価格に込められた意味を、デザインを通じて可視化することが必要です。

　例えば、ヤクルトは代田博士が発見した乳酸菌であるシロタ株が使われていますが、このシロタ株を商品に利用するにあたり、「マッチ箱と同じ値段で提供する」という博士の思いがスタートになっているといいます。これは、栄養状況が悪く、感染症が今よりもずっと多かった時代に、人々に予防医学という考え方を普及させ、健康な毎日を継続的に提供したいという思いからつけられた価格なのです。この思いは今でも「予防医学」「健腸長寿」「誰もが手に入れられる価格で」というヤクルトの理念として継続され、世界中で愛される商品となっています。

　価格に込められた意味を知ることで、何をどうデザインすべきかが見えてきます。デザインするということは、その商品のあるべき姿に近づけていく行為だと捉えることもできます。価格は、あるべきデザインを探る上で大切

Part 1　マーケティングとパッケージデザイン

な要素なのです。価格のつけ方には、できるだけ多くの人に早く使ってもらうことを目的とした浸透価格戦略といわれるものもあれば、高い価格をつけることで商品の価値の高さを伝えようとする威光価格戦略といわれるものもあります。パッケージデザインと価格の関係で大切なのは、その価格がつけられた意味を汲んで、あるべき姿にデザインを近づける点にあります。

▶▶▶ 価格に込められた意味をデザインする

	価格に込められた意味	デザインで実現すべきこと
高価格	例：商品の良さを価格を通じて伝えたい	価格に見合う唯一無二の存在感・高級感・効果を感じさせる
標準価格	例：競合と同じ値段で圧倒的な品質の良さを届けたい	競合と同じカテゴリーであるという"カテゴリーらしさ"と競合との違いを伝える
低価格	例：多くの人の健康のためにできるだけ安く届けたい	親しみとともに商品の提供価値を伝達

4 P プライス

第2章　商品を考える

トライアルの実現

パッケージデザインを見て、まず購入してもらう

　消費者の購買行動は、初回購入（**トライアル**）と継続購入（**リピート**）に分けて考えることができます。通常、その商品を愛用するかどうかは、自分の期待した満足感がその商品によって得られたのかどうかによって決定します。「おいしそう」「肌荒れが治りそう」など、購入した商品がこうした期待に見事に応えられれば、リピートに結びつきます。しかし、トライアルの際には、消費者は商品の良さを推測して購入する以外にありません。

　パッケージデザインは、このトライアルに大きな影響を与えます。購入を検討する際に、この商品は何を自分に提供してくれるのかを推測する重要な手段がパッケージデザインなのです。

　ここで重要なことは、「短時間で正確にベネフィットを伝える」ということです。消費者がパッケージを見て買うか、買わないかを判断する時間は一瞬です。短時間で、正確に情報を伝えるには、伝えたい情報を絞り込むことが必要になります。

　商品が消費者に提供する価値である**ベネフィット**というキーワードも大切です。商品のスペックや特徴を語っても、多くの消費者はそれを自分の幸せに翻訳できません。「この商品はあなたに幸せをもたらす」ということをできるだけ分かりやすく、納得してもらわなければなりません。また、「正確」にという点は、リピートを促すために重要な視点です。誇大に情報を伝えてしまうと、たとえトライアルは増やせても、「嘘をつかれた」と思う人を増やしてしまい、リピートに結びつきません。それどころか、ブランドや企業に対するイメージを損なうことになりかねません。商品が持っているポテンシャル、ベネフィットを超えない範囲で「正確」に伝えることが重要です。

Part 1　マーケティングとパッケージデザイン

発売から数週間の売り上げ状況で商品価値が判断されるというマーケティング環境の中で、トライアルの増加を実現するパッケージデザインの役割はますます重要になっています。

 トライアル実現のポイントと背景

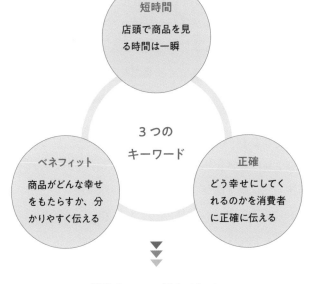

4P プロモーション

第2章　商品を考える

コミュニケーションの開発

一貫したコミュニケーションを実現する

　マーケティングコミュニケーションでは、消費者との様々な接点において常に一貫したメッセージを送り続けることが重要です。しかし、実際は部署間や活動地域などの隔たりから、バラバラのメッセージが使用されていることが多いのではないでしょうか。これに対し、一貫したメッセージやイメージに基づくコミュニケーション活動をしていこうという考え方が**統合型マーケティングコミュニケーション**→ p.82 と呼ばれているものです。

　マーケティング計画を進めていくに当たり、パッケージデザインの企画・制作はテレビ CM や WEB、SNS での計画に比べ、かなり早い段階で着手されます。そのため、それぞれのコミュニケーションプランはパッケージデザインの影響を受けます。「こんなパッケージデザインでは、コミュニケーションプランをつくりにくい」といった状況に陥らないために、パッケージデザインを制作する際には「消費者に何を伝えていくのか」「どういったイメージを伝えていくのか」という全体のコミュニケーションの核になる要素をしっかりと設定する必要があります。

　予算が十分にある商品やキャンペーンでは、広告代理店にすべてのコミュニケーションをサポートしてもらうことで統合されたコミュニケーションを実現するという方法もありますが、最近はデジタルマーケティングの台頭により、従来のマス広告から細やかなターゲティング・コミュニケーション戦略が重要になっています。この大きな流れの中では、テレビ CM に登場する芸能人ではなく、商品のベネフィットを中心に据え、パッケージデザインから始まるマーケティングコミュニケーションプラン全体をクライアントが主導的に統合していくことで、伝えたいことを効率的にターゲットに届ける

Part 1　マーケティングとパッケージデザイン

コミュニケーションが期待されます。

　パッケージデザイン制作に着手する前に、明確なブランドメッセージ、ブランドプロミス、ブランドパーソナリティーを設定し、メディアの選定、広告目標などのコミュニケーションプラン全体を見据えた上で、パッケージデザインの制作をスタートし、ターゲットとの接点で一貫したメッセージを伝えていくことが重要です。

4P プロモーション

▶▶▶ パッケージから始まるコミュニケーションプランニング

消費者とのすべての接点で一貫したメッセージを伝えることが
効率的なコミュニケーションにつながる

パッケージデザイン → SNS WEB → テレビCM → 流通広告 → 店頭計画

パッケージデザインはコミュニケーションプランニングの最初であることが多い

▶▶▶ ブランド開発とコミュニケーションプランの流れ

ブランドプロミス
- 「消費者に何を約束するのか」

ブランドパーソナリティー
- 「そのブランドは人に例えるとどんな人か」

ブランド要素の決定
- ネーム
- ロゴ
- スローガン
- キャラクター
- ジングル

- ブランドの世界観
- ブランドメッセージの設定

- パッケージデザイン
- SNS
- WEB
- テレビCM
- 流通広告
- 店頭計画

第2章　商品を考える

メディアとしてのパッケージデザイン

パッケージデザインは接触頻度の高いメディア

　パッケージデザインを**メディア**として捉えた場合、他の媒体に比べ、接触頻度の高さ、触ることができる、ユーザーに近いという3つの特徴があります。

1．接触頻度の高さ

　商品の購入を検討してから廃棄に至るまで、すべての段階でパッケージデザインは購入者と接点があります。どの商品を購入しようか迷っているときにも、テレビCM、SNS、WEBの広告やニュースリリースにも必ずパッケージデザインが登場し、接触しているのです。店頭でいざ購入しようというときにも、棚の前で接触します。ECサイトで購入するときも画面にパッケージが登場します。購入し、その商品を使い続ける間中、パッケージデザインは購入者と接触します。店頭で見かけたかわいいパッケージやお勧め商品の紹介などでパッケージがSNSに登場することもずいぶん増えています。最終的に廃棄に至るまで接触するので、パッケージデザインは接触頻度の高いメディアだといえます。

2．触ることができる

　パッケージデザインは触ることができるという特徴を持っています。これは通常、視覚、聴覚が中心の他メディアに比べて、特殊性の高いメディアです。最近は、実際に消費者が商品を利用した経験によって得られる価値が重視されるようになってきており、手触り、使用感など触覚をうまく利用することで、消費者の心に残る経験を蓄積できるメディアです。

3．ユーザーに近い

　テレビCMなどは、全く見込みのない消費者にまで情報を伝達するとい

う意味で無駄のあるメディアであるのに対して、パッケージデザインは購入検討者、購入者、ヘビーユーザーと、消費者の段階に応じて接触機会が増えていきます。潜在消費者や長く使い続けているヘビーユーザーなど、大切な消費者との接点が多いメディアです。

このように、メディアとしてのパッケージの特徴をうまく使うことで、商品に対する消費者の理解や愛着を高めることができます。ブランドを形成する目的でも、接触頻度の高いパッケージデザインというメディアをどのように使うかは、マーケティング戦略全体を左右する重要な要素だといえます。

▶▶▶ パッケージデザインのメディアとしての特徴

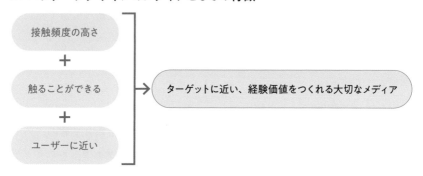

第2章　商品を考える

14

パッケージデザインと広告の関係

一貫性のあるコミュニケーションが大切

パッケージデザインは手に取ってもらうというチラシ的役割からスタート→ p.102 して、消費者の記憶に残る記号として育成していくプロセスです。このプロセスの中で**広告**は「時間を購入する」役割、エンジンでいえばターボの役割を発揮します。パッケージデザインと広告は、切っても切り離せない大切な補完関係にあります。テレビ CM や SNS、WEB などの広告で商品情報をインプットし、店頭で商品を購入するプロセスにおいて、「あっ広告で見た！あれだ」という印象・記憶が大変重要になります。

この補完関係を最大限活用するには、パッケージで表現する内容と広告で表現する内容が統一されている必要があります。キャッチコピーやデザイン、表現している雰囲気、世界観など、パッケージデザイン、SNS、WEB、テレビ CM、店頭で表現されているものに一貫性がなければなりません。

それぞれの媒体で違うことが表現されていると、消費者の混乱を招き、コミュニケーションの効率も落ちるため、結果として無駄に予算を使うことになります。このため、パッケージデザインの制作前には、どういった媒体にどれくらいの広告を投下していくのかをしっかりと決めた上で、パッケージデザインと広告、店頭、PR における表現の一貫性を最初から計画することが重要です。

また、ここ数年の SNS の発達により、SNS でパッケージをユーザー自らが取り上げてくれることが多くなってきました。SNS で取り上げられる仕掛けや切り口を用意しながら、さらにそれらをメディアでの広告展開にフィードバックするという柔軟な進め方も有効です。

しかしながら、いずれのパターンでも重要になるのは一貫性です。どの接

Part 1　マーケティングとパッケージデザイン

触ポイントにおいても、同じ世界観、ベネフィットを伝えていくことで効率的・効果的なコミュニケーションを実現しましょう。

▶▶▶ パッケージデザインと広告の関係

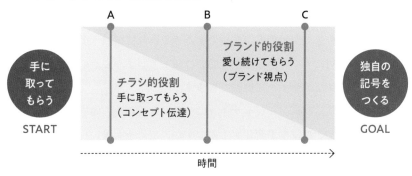

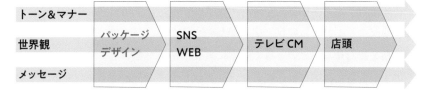

広告投下量とパッケージデザインの関係

広告が大量に投下されると選択肢は広がる

広告投下量とパッケージデザインには重要な関係があります。広告が投下されない場合、商品の説明の多くをパッケージデザイン上で伝えていく必要があります。もし、大量の広告を投下するのであれば、パッケージデザイン上で商品の説明に多くの面積を割く必要は減るでしょう。その分、印象に残るダイナミックなデザインに挑戦できます。

前述のとおり、パッケージデザインはチラシ的役割から始まり、次第にブランド育成へとその役割が変化するのですが、広告を大量に投下すれば、この過程を先取りすることができます。広告が投下されないのであれば、パッケージはチラシ的役割を重視し、広告が投下されるのであれば、ブランドを育成する役割を初期段階から担うことができます。つまり記憶に残る記号をいきなりデザイン上につくることができるのです。そういった意味で、広告を初期段階でどれくらい投下するかということは、パッケージデザインにどの役割を持たせるかという点で非常に重要な情報だといえます。

広告が大量に投下される商品では、ロゴやカラー、イラストなどにアイデンティティを持たせ、大胆なデザインをすることができます。テレビCM、WEB、店頭などの広告で共通のアイデンティティを認識させることで、広告から購入までのフックをしっかりとつくることができ、それがデザイン上のアイデンティティとしてもブランド資産になっていくのです。また、クリエイティブ面でパッケージデザインにどのような役割を持たせるかも、広告投下量とパッケージの関係性において重要になります。ブランドの世界観としてのクリエイティブの共通性、トーン＆マナーのすり合わせという視点と、コミュニケーションとストーリーの中でパッケージをどのように登場させ、

Part 1　マーケティングとパッケージデザイン

どのような意味を持たせるのかという点が関わってきます。

　サントリー「ザ・プレミアム・モルツ」のパッケージデザインには、ビールを注いだときに衝撃が少なく泡持ちがいいといわれる、腰にくびれのあるビールグラスを想起させるモチーフが入っています。これが優雅でおいしいビールの時間を思い起こさせてくれます。コミュニケーションの中でも、くびれタンブラーが数多く登場し、このモチーフは「ザ・プレミアム・モルツ」のブランドイメージの中で強いアイデンティティとして進化し続けています。

　こういった成功は、デザイン制作時に広告におけるコミュニケーション全体が計画されていてこそ達成できます。広告を投下してブランドを育成していく場合には、パッケージデザインの役割を明確にし、大胆なデザインに挑戦して、早期に記憶に残るアイデンティティを形成することが可能になります。

▶▶▶ **広告投下があるときのパッケージデザイン**

① アイデンティティがつくりやすい

② 広告全体とのトーン＆マナーを合わせることでブランドの世界観がつくりやすい

③ コミュニケーションストーリーの中に登場させることで強い意味性を持たせることができる

タンブラーをアイデンティティに進化を続ける「ザ・プレミアム・モルツ」

2005年　　2012年　　2017年　　2021年　　2023年

第2章　商品を考える

パッケージを中心にしたコミュニケーション

芸能人ではなくパッケージをコミュニケーションの中心に

　パッケージデザインをコミュニケーションの中心にした完成度の高いコミュニケーション戦略も見られます。過去の日本のマーケティングコミュニケーションには、テレビCMと芸能人を中心にしたものが多く見られましたが、メディアの多様化によりテレビCM中心のコミュニケーション計画は変わりつつあります。また、芸能人を中心にしたコミュニケーションは話題になりやすいというメリットもありますが、商品のコミュニケーションではなく芸能人の宣伝になっているケースも散見されます。広告費が高くなる、事務所からの表現規制が入る、同じ芸能人が複数の広告に登場していると商品との結びつきが弱くなるといったデメリットもあります。

　本来、メーカーの中心となるのは商品であり、その商品やブランドが、使う人に対してどんなベネフィットを与えるのかがコミュニケーションの軸になります。パッケージを中心にコミュニケーションをすることで、コミュニケーションの軸がずれないというメリットがあります。長期的なブランド育成という視点に立ちコミュニケーションプランを考えた場合、パッケージデザインをコミュニケーションの中心に据え、ブランド資産を育てていくことによって、印象に残るコミュニケーションができます。

　例えば、ミネラルウオーターの「クリスタルガイザー」は、その源泉である米国の国立森林保護区にあるシャスタをテーマにしたパッケージデザインを軸に、パッケージを中心としたコミュニケーションを展開していました。一時的な注目度、話題性は芸能人を中心としたキャンペーンにかないませんが、商品を中心にしたコミュニケーションを長く続けることで、商品にひも付いた強いブランド連想を育成できるのです。すべてのケースに当てはまる

Part 1　マーケティングとパッケージデザイン

とはいえませんが、パッケージを中心にしたコミュニケーションプランは、昔から続くコミュニケーション戦略の1つです。

4P プロモーション

▶▶▶ パッケージを中心にしたコミュニケーション

芸能人とパッケージを比較したときのメリット・デメリット

	メリット	デメリット
芸能人	●話題性が高い ●パブリシティー効果が見込める ●広告の視認性が上がる ●店頭に並びやすい	●価格が高い ●ブランドと結びつけにくい ●商品でなく芸能人に注目がいきやすい ●不祥事などのリスクがある
パッケージ	●商品とブランドが直結する ●商品が認識されやすい ●長期にブランド資産化できる ●出演料がかからない	●インパクトに欠ける ●広告の視認性に工夫が必要 ●短期的な結果が出にくい

パッケージ中心のコミュニケーション例

2020年当時のグラフィック

第2章 商品を考える

81

IMC の概念

統合型マーケティングコミュニケーションの重要性

　IMC とは Integrated Marketing Communication の略で、**統合型マーケティングコミュニケーション**と訳されているマーケティングコミュニケーションの考え方です。1990 年代初めに米ノースウェスタン大学のドン・E・シュルツ教授らによって提唱されました。「企業と消費者の間には、広告や店頭、サービススタッフ、商品など様々な接点がある。これを**ブランドコンタクト**（消費者とブランドの接点）と呼ぶが、この様々な接点で一貫したコミュニケーションを消費者視点で行おう」という考え方です。例えば、いくらテレビ CM で消費者を心から大切にしますという感動的な企業広告を流していたとしても、商品が故障してサポートセンターに電話をしたら、散々待たされた挙げ句、ひどい対応だった……そんな場合はとても一貫したイメージやメッセージを伝えているとはいえません。これほどではなくても、SNS で伝えているメッセージ、トーン＆マナー、ブランドの世界観と、雑誌広告でのそれがずれているというようなことはあります。こうなると消費者は何がそのブランドの本質なのかがよく分からず、コミュニケーションとして弱いものになってしまいます。

　一貫性を持たせるために、必ずしも同じことをいわなければいけないというわけではありません。それぞれのブランドコンタクトの特性に合った形で、コミュニケーション全体に統一感を持たせることがポイントです。パッケージデザインのコンタクトポイントは大変多く、消費財の場合には広告、店頭、購買、使用、廃棄といった場面のすべてにパッケージが登場します。メディアが多様化し、様々なコンタクトポイントが存在する今、パッケージを中心にコミュニケーション全体を再構築することは有効な戦略です。

Part 1　マーケティングとパッケージデザイン

また、ブランドのコミュニケーションは企業から消費者への一方的なものではなく、SNSを利用して消費者同士で商品のことを話題にすることによっても、ブランドイメージが形成されていきます。消費者間でどのように自社の商品やブランドが広まっているかも見ながら、全体として統合化されたコミュニケーションを構築していくことが求められています。

▶▶▶ パッケージデザインを中心にしたコミュニケーション活動

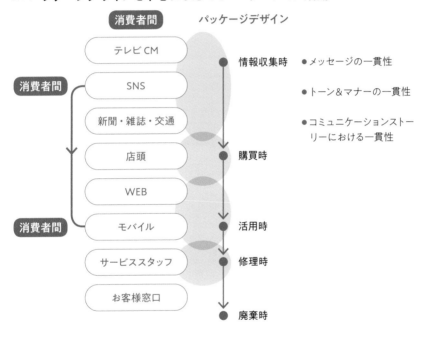

Part 1 ● 第3章

他社に勝つ

　消費者にとってあなたの商品は数ある商品の中の1つです。ひしめくライバルの中で、あなたのパッケージデザインは「選ばれる」必要があるのです。それは、「他社に勝つ」ということです。

　この章では、競争に勝つためのパターンとパッケージデザインの関係について考えます。中でも競争に勝つための強力な武器であるブランドについて詳しく説明します。

　ブランドは、商品やパッケージデザインがどうあるべきかを考える道しるべです。また、消費者にとって完成されたパッケージデザインはブランドそのものでもあります。

　パッケージデザインで他社に勝ち続けるには、どのような仕組みが必要なのかについても考えます。

01

パッケージでブランドをつくるプロセス

ブランドマネジメントとパッケージデザイン

ブランドは資産だという考え方があります。不動産などの資産と同じように、企業に長期的に利益をもたらす源泉であるということです。同じ商品でも、ブランド力があれば高く売ることができます。この高く売ったお金は、すなわち、企業に長期的にもたらされる利益となります。

パッケージデザインはこのブランドを形成し、消費者との接点になる大切なブランド資産です。ロングセラーブランドのパッケージの多くは、消費者の記憶と深く結びついて、信頼され、選ばれる橋渡しをしています。このブランド資産が何からできているのかを整理し、長期にわたって企業に利益をもたらすように強化していこうというのが、**ブランドマネジメント**の考え方です。この考え方をパッケージデザインのマネジメントに置き換えると、以下の取り組みを長期的視点を持って継続することが必要です。

1. ブランドが具象化されたパッケージデザインを生み出し、同じ内容であっても高いお金を出して選んでもらえる商品をつくる。
2. 複数の商品を発売する際には、ブランドの方向に沿ったパッケージデザインを生み出し、ブランドの資産を食いつぶすことがないようにする。パッケージデザインを生み出していくことが資産強化につながるようにする。
3. デザインリニューアルなどを通じて、ユーザーの記憶に残るデザイン資産を強化する。

例えば、「ハーゲンダッツ」はそのパッケージデザインとともに多くの人に愛され、新しい商品の登場を心待ちにしている人が多いブランドです。

Part 1　マーケティングとパッケージデザイン

▶▶▶ ブランド資産としてのパッケージデザイン

長期的に企業に利益をもたらすブランド資産として
パッケージデザインをマネジメントしていくための3つのアクション

- **1** ブランドの具象化
- **2** 資産としてのパッケージデザインの強化
- **3** ユーザーの記憶に残る

ヱビスビールのデザインマネジメント

1 主力商品のデザインを時代に合わせてリニューアルし
時代に合ったデザイン鮮度を保つ

2 ブランドらしい商品とデザイン展開で
多くのファンを増やす

第3章　他社に勝つ

02

ブランド資産としてのパッケージデザイン

パッケージデザインというブランド資産

　消費者がそのブランドをイメージする際に頭に思い浮かべるものを、**ブランド資産**といいます。一つひとつの商品や技術での差別化が難しい今日、ブランド資産は重要な経営資源となっています。このブランド資産を構成するブランド要素には、ネーミング、ロゴ、キャッチコピー、キャラクター、ジングルなどが挙げられますが、パッケージデザインにはそのほとんどの要素が入っています。そのため、ブランド名を聞くと消費者の頭の中に浮かぶのはパッケージデザインというケースが多いのです。

　つまり、パッケージデザインは非常に強いブランド資産であると言い換えることができます。　強いブランド資産となるパッケージデザインをつくるには、デザインの中に記憶のフックとなる色や形、ロゴなど、資産となり得る要素を定め、広告、PR、セールスプロモーション（SP）、店頭などと連動して、長い時間をかけて、消費者の頭の中にイメージを蓄積していくことが必要になります。強いブランド資産として残っているパッケージデザインの多くは、要素がそぎ落とされたシンプルなデザインです。そして、昔から変わらない部分を持ちながら、少しずつ時代に合わせてデザインを進化させ、新鮮さを失わないような努力をしています。その結果として、多くの人がシルエットだけでその商品を連想できたり、カラーだけでそのブランドを言い当てたりすることができるようになります。こういった、特定の要素にイメージを集約していくことが、パッケージデザインをブランド資産として活用していくことのコツともいえます。

　また、こういったデザイン上の特定の要素を広告活動を通じて強化し、ブランドイメージをさらにその要素に集約させることで、より強い効果的なコ

Part 1　マーケティングとパッケージデザイン

ミュニケーションが実現されます。

強いブランド資産となっているパッケージデザイン
パッケージデザインの一部が強力なブランド資産になっている

色

色がブランド資産に
なっている例

容器

容器の形がブランド資産に
なっている例

模様

模様がブランド資産に
なっている例

ロゴの一部

ロゴの一部がブランド資産に
なっている例

第3章　他社に勝つ

ブランド価値の定義

ブランド価値はデザインのぶれない軸になる

　パッケージデザインをつくっていくときには、**ブランド価値**が基礎となります。何十年にもわたって、力強さを蓄積しているデザインの根底にはブランド価値の考え方があります。デザインは長期にわたって消費者の意識に蓄積されるという意味で、ブランドそのものと言っていいでしょう。

　博報堂コンサルティングはこのブランド価値の核となる要素として、**ブランドエッセンス**と**ブランドパーソナリティー**を挙げています。ブランドエッセンスは、「このブランドは、顧客に何を約束するのか？」、ブランドパーソナリティーは、「このブランドを人に例えるとどのような人格を持つべきか」と定義されています。

　さらに、ブランドエッセンスは①事実・特徴（製品やサービスの特徴）と②機能的価値（得られる物理的・機能的な効用）の2つから成り、ブランドパーソナリティーは③情緒的価値（感じられる感覚や気分）と④ 社会・生活価値（生活スタイルや自己表現）の2つから成るものとしています。これをブランドの価値規定＝**ブランドサーキット**としていますが、デザイン制作の際には、このブランドサーキットがしっかりと決められていることが大切です。

　デザインを制作する過程は、ブランドの価値を表現する「あるべき姿」を具象化していく作業でもあります。人に例えたらどんな人で、どんな雰囲気を醸しだすのか、このブランドから得られる生活スタイルや自己表現、感じられる感覚や気分、こういったブランド価値を可視化していくのがデザインの大切な役割です。

　何年、何十年とたったとき、同じブランドで様々な商品が展開されたとき

Part 1　マーケティングとパッケージデザイン

に、どの商品にもそのブランドらしいデザインが施され、デザイン群がしっかりと同じベクトルを向き、多くの人の記憶に残るブランド資産になっていくためには、ぶれることのないブランド価値をしっかりと定義し、社内で共有しておくことが欠かせません。

▶▶▶ ブランドの価値の考え方

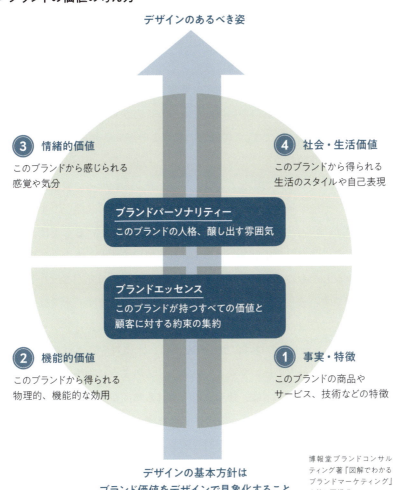

アイデンティティの育成

アイデンティティの育成に向けて

　パッケージデザインはブランドの資産であると言いましたが、その中でも特に重要なのが、パッケージデザイン上の**アイデンティティ**です。パッケージデザイン上のアイデンティティとは、パッケージデザインの色やロゴ、イラストなどの中で消費者の記憶に残り、その商品のブランドイメージや世界観とのつながりを想起させるデザイン要素です。パッケージデザインのマネジメントは、まず消費者の手に取ってもらうことから始まり、記憶に残る独自の記号をつくることです。この独自の記号こそがアイデンティティであり、ロングセラー商品の多くはこのアイデンティティを持っています。アイデンティティをつくる上で大切なことは、パッケージのデザイン要素の中のどこをアイデンティティとして大切にしていくのかという「物語」です。

　例えば、「カルピス」のパッケージにデザインされている水玉は、カルピスブランドの強力なアイデンティティとなっていますが、あの水玉は天の川をイメージしたものです。ギリシャ神話では、女神の母乳がこぼれ落ちたのが天の川です。そして日本では夏の七夕の物語があります。水玉はまさに夏のカルピスにぴったりの物語を背景に持っています。

　「ポカリスエット」のロゴに書かれた波は、水に対するポカリスエットの体への浸透スピードの違いを表しています。このように物語がしっかり反映されたアイデンティティは、長く大切にされる傾向があります。デザインを手掛ける先輩から物語とアイデンティティを聞かされた後輩は、自分が先輩になったときに後輩にその物語を引き継ぎ、担当者が変わっても、大事なアイデンティティを簡単に変えてはいけないという意識が共有されていくのではないでしょうか。

Part 1　マーケティングとパッケージデザイン

リニューアルに当たっては少しずつデザイン要素をそぎ落とし、特定のアイデンティティに集中させながらデザインをシンプルにしていくという方法や、コミュニケーション活動全体の中で常にアイデンティティを登場させることで強化していくという方法があります。

▶▶▶ アイデンティティの育成

物語の存在　変えずに守り続けようという組織モチベーションに

- 水玉は天の川をイメージ
- ギリシャ神話では女神の母乳がこぼれ落ちたのが天の川
- 日本では夏の七夕の物語に登場

- ロゴの青色と描かれた波は水に対するポカリスエットの体への浸透スピードの差を表現

育成の方法

第3章　他社に勝つ

05

ブランドを強くするリニューアル

時代に合わせて、よりシンプルに記号化していく

　パッケージデザインは定期的に**リニューアル**を繰り返していきます。早いものでは発売と同時並行で次のシーズンのリニューアルの準備を始めるものもありますが、平均して1～3年くらいを目途にリニューアルするケースが多いようです。

　リニューアルの目的の一つは、商品の鮮度を保つことです。シーズンごとに多くの新商品が出てくるので、新たに登場した商品と比べて古い印象にならないようにリニューアルを繰り返し、ブランドのポジションを維持します。

　また、リニューアルの効果は消費者だけでなく、商品を取り扱う小売店へのアピールにもなります。ロングセラー商品にもしっかりとマーケティング投資を行い、育成しているという企業姿勢を示すことになるからです。

　ブランド担当者には、リニューアルを繰り返してブランドを強くしていくことが求められます。そのために必要なのはアイデンティティとなるデザイン要素を主役にして、デザインをよりシンプルにする方向に改善していくことです。時代に合わせて色味やフォント、キャラクターの表情などを少しずつ調整していきます。ブランドエッセンスやパーソナリティーという核となる価値は変わることがなくても、デザイン表現は時代に合わせて変化させていく必要があります。

　「ポッキー」は、発売以来定期的にデザインを進化させていますが、どんどんシンプルになってきています。また「マールボロ」は、白と赤でつくる三角形にブランド資産を集中させるために、ロゴのカラーを消しました。このように、リニューアルを起点にデザインを的確にマネジメントすれば、パッケージデザインが消費者の記憶に残る1つの記号となり、ブランドを強くす

Part 1　マーケティングとパッケージデザイン

ることができます。

▶▶▶ ブランドを強くするパッケージデザインリニューアル

リニューアルする際に

① アイデンティティを主役にしてよりシンプルに進化させる

② 時代に合わせてブランドを表現する

消費者の記憶に残る「記号化」を進める

例1 ポッキーチョコレートは、発売以来定期的にリニューアルを繰り返し、ロゴと赤い背景、シズルの3点が強いデザイン資産になっている

1966 年

1974 年

1976 年

1980 年

1988 年

1992 年

1998 年

2000 年

2004 年

2007 年

例2 マールボロはリニューアル時に△のアイデンティティを主役にし、ロゴカラーさえ無色にした

リニューアル前

リニューアル後

第3章　他社に勝つ

06

ブランドのリポジショニング

大幅なデザイン変更のリスクとリターン

　パッケージデザインの変更は、ブランドの世界観を損ねることなく時代に合わせ、段階的にシンプルにして独自の記号にしていくというのが定石です。過大なリスクを取ることなくブランドの鮮度を保ち、強化していくことができます。

　一方、場合によっては大きなデザイン変更を迫られるときもあります。競争環境が激化し、自社のブランドポジションを失うような場合です。同じような商品が競合から発売され、競争環境が厳しくなることによって、従来オリジナリティーの高い存在だったブランドの独自性が薄まり、市場で負け始めてしまうような場合です。このようなときはポジショニングそのものを見直し、新たなブランドポジション獲得に向けた1歩を踏み出さなければならないでしょう。これをブランドの**リポジショニング**といいます。当然リスクもありますが、慎重にポジショニングを再検討し、マーケティング活動を進めることで、再び輝き始めたブランドも存在します。

　この場合、ポジションが変わるのですから、パッケージデザインもそれに応じて大きく変更する必要があります。消費者が見ても、「あっ、変わったな」と思ってもらう必要があるのです。

　例えば、キリンビバレッジの「生茶」は長年親しまれてきたブランドですが、ここ数年は資本力のある競合メーカーや小売店のプライベートブランド商品の人気が出てきたため、カテゴリー内で4位というブランドポジションになり、ブランドの存在そのものが危ぶまれる状況になっていました。そこで、「食べるほど濃いお茶」というリポジショニングを狙いました。その結果、パッケージは従来の春を思わせる爽やかな色合いから濃い緑に変わり、

Part 1　マーケティングとパッケージデザイン

明らかに商品が変わったことを伝え、見事にブランドに輝きが戻りました。

東ハトは自社の基幹商品である「キャラメルコーン」のパッケージ前面に大胆にキャラクターをあしらい、商品そのものを擬人化することによって大きな話題を呼び、大成功しました。これは東ハトが企業として新しいチャレンジに踏み出すタイミングで行われ、消費者だけでなく小売店や株主に対しても新しい挑戦と成長の可能性を伝えるのに役立ちました。

ブランドのリポジショニングにはリスクが伴いますが、綿密なマーケティング戦略に基づいたリポジショニングは大きな成功の可能性も秘めています。デザインはその成功をバックアップする大切な要素となります。

▶▶▶ **ブランドのリポジショニングとパッケージデザイン**

競合の激化などにより、ブランドは時としてリポジショニングが必要な場合がある

デザインはそれを分かりやすく表現する必要がある。「あっ、変わったな」と思われる

例 **キャラメルコーン**
主力商品を擬人化させることでファン層を拡大する。同時に企業の新しい活力を社内外にPR

リニューアル前 → リニューアル後

第3章 他社に勝つ

07

ブランドの拡張

縦と横に正しく展開する

　あるブランドの商品が売れてくると、サイズ違い、価格帯の高いプレミアムバージョンや価格の安いバリュータイプなど、様々な商品が登場します。商品が売れて、ブランドが縦と横に広がっていくことはうれしいことです。ここでは価格帯の違いによるバリエーションを「縦の展開」、価格以外の違いでラインアップが増えていくことを「横の展開」と呼ぶことにします。

　このブランド展開とパッケージの関係性において大切なのは、ブランド体系をきちんと反映したデザインをつくることです。ブランド体系とは、ブランドの縦と横の展開を整理したものです。縦と横の意味をしっかりと整理し、商品の広がりをブランドの方向性や世界観としっかり関連づけることで、**ブランドの拡張**とパワーを強化していくことができます。

　逆にこれができていないと、ブランドを様々な商品、カテゴリーに無秩序に付与して展開することになり、その結果、ブランドのイメージが分散し、本来の主力商品の競争力さえ弱まるという事態もあり得ます。消費者から見ると、バラバラでよく分からないブランドになっていくということです。ブランドやデザインの責任者は、ブランドの体系に合ったデザイン戦略をコントロールする必要があるのです。

　例えば、「このブランドではこのカテゴリーは発売しない」といった意思決定もとても大切です。こういった判断を現場ができるように、ブランドの価値を明確に定義し、社内で共有しておきたいものです。ブランドマニュアルやデザインルールを決めるという方法もありますが、ブランド体系が変わるときなどは、もう一度デザインルールやブランドブックを見直して進化させることが必要です。また、誰がデザインの最終的な決定者かという意思決

Part 1　マーケティングとパッケージデザイン

定プロセスも重要です。

　ブランド体系とデザインが上手に整理されている例として、イオンの「トップバリュ」があります。

▶▶▶ ブランドの拡張
ブランド体系に合わせたパッケージデザインを展開する

① ブランド全体としての統一感が保たれていること

② ブランド体系が分かりやすく伝わること

トップバリュのブランドとパッケージデザイン

さあ、ワクワク
するほうへ！

もっと安心、
もっとやさしく

今日も明日も、
ほしいもの

第3章　他社に勝つ

ブランド要素選択の際、重要なこと

ブランド要素選択に重要な5つの基準

　ブランド要素にはキャラクターやネーミング、ロゴなど様々ありますが、パッケージデザインはそういったブランド要素を豊富に含んでいます。新商品の場合、ネーミングやロゴ、イラスト、キャラクターといったブランド要素をパッケージデザイン開発時に同時に制作していくことが多いと思います。ブランド研究者のケビン・レーン・ケラーは『戦略的ブランド・マネジメント』という書籍の中で、ブランド要素を選択したり、デザインしたりするに当たって参考になる5つの基準を明示しています。

1. **記憶可能性**——再認されやすく、再生されやすいこと
2. **意味性**————視覚的なイメージにおいても言語的なイメージにおいても、楽しく、興味深く、豊かであると同時に、信頼性があり、示唆に富んでいること
3. **移転可能性**——製品カテゴリーにかかわらず、あるいは地理的境界や文化を超えて利用できること
4. **適合可能性**——柔軟性に富み、容易に最新化できること
5. **防御可能性**——法的に安全で、競争上巧みに防御できること

　平易な言葉で言い換えると、「覚えやすくイメージが適切である」「ブランド拡張がしやすい」「世界中で使え、様々なサイズ・形状にフィットする」「リニューアルしやすい」「商標、意匠登録ができる」といったところでしょうか。例えば、長過ぎて覚えられない名前や、特定の国で特別の隠語的な意味を持ってしまう言語や記号などは用いるべきではありません。また、縦長の箱には

Part 1　マーケティングとパッケージデザイン

ぴったりくるデザインでも、横にしたり、袋に入れたりしたときにデザインが展開しにくいといった場合もあります。これらすべての基準を満たすことが必須というわけではありませんが、1つの目安としてブランド要素を選択する上で重要です。

▶▶▶ パッケージデザインの要素と選択基準

5つの選択基準

ケビン・レーン・ケラー
『戦略的ブランドマネジメント』

1. 記憶可能性

再認されやすく、
再生されやすいこと

2. 意味性

視覚的なイメージにおいても言語的なイメージにおいても楽しく、興味深く、豊かであると同様に、信頼性があり、示唆に富んでいること

3. 移転可能性

製品カテゴリーにかかわらず、あるいは地理的境界や文化を超えて利用できること

4. 適合可能性

柔軟性に富み、容易に最新化できること

5. 防御可能性

法的に安全で、競争上巧みに防御できること

第3章　他社に勝つ

101

09

パッケージデザインはチラシかブランドか

チラシ的役割とブランド的役割の両方必要

　パッケージデザインには、**チラシ的役割**と**ブランド的役割**の２つがあります。

　「この３日間だけ、98円均一」「他店より必ず安くします。価格保証付き！」など、最も伝えたい商品やサービスのポイントを、手を挙げて、大きな声を出し、最も伝えたいことをしっかり相手に伝え、行動に移してもらう。これがチラシです。実はパッケージにも同じことがいえます。棚に並ぶ数多くの新商品の中で、振り向いてもらい、最も伝えたい商品のセールスポイントを伝え、消費者に手に取ってもらうという役割です。トライアルを実現させる役割といえます。

　一方、パッケージにはブランド的役割もあります。強いブランドは消費者の頭の中に明確なメッセージとイメージをつくり続け、信頼を深め、消費者との長期的な関係性に基づく売り上げや利益をもたらします。パッケージデザインは、消費者の記憶に残る大切なブランド資産です。ロングセラー商品になるほどその資産は大きくなっていきます。

　例えば、赤い350mlの缶を見るだけで、世界中の多くの人が「コカ・コーラ」だと感じることでしょう。それはパッケージデザインが、実際に触ってみることのできるという特性と接触頻度が高いという特性を持っているからです。長く使っているパッケージを見るだけで、その商品のイメージや広告、思い出などが浮かんできます。これがパッケージデザインのブランド的役割です。

　新商品のパッケージデザインはまず目に入って、手に取ってもらう"チラシ的役割"からスタートしますが、徐々に売れてくるに従って、ブランド的

Part 1　マーケティングとパッケージデザイン

な役割が重要になります。発売時から時間をかけて、チラシ的役割からブランド的役割へとパッケージデザインの役割は変わっていくのです。ロングセラーブランドのパッケージの多くは、数年サイクルのデザインリニューアルを通じて、パッケージデザインをチラシからブランドへと進化させていきます。

▶▶▶ **パッケージデザインの役割**

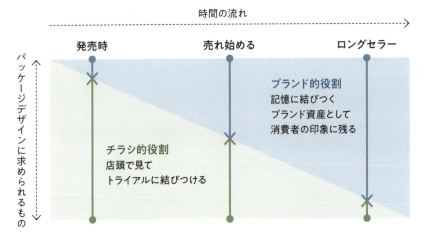

チラシ的パッケージ
何がいいのか伝える

ブランド的パッケージ
1つの記号として覚えてもらう

リニューアルデザイン案の評価と決定

調査結果だけに頼らず、最後は自分の意思で決める

　パッケージの**リニューアルデザイン案**をどう評価し、意思決定につなげていくかはとても難しい問題です。消費者を対象にした調査では大きな差がつかないことがよくあります。ほとんど差のないデザインを対象とした間違い探しのような調査ではあまり意味がありません。調査は参考にしつつも、次の３点が達成されているかが大切です。

１．狙ったポジションが表現されているか
２．今よりも特定のイメージが改善されているか
３．既存のユーザーが納得してくれるか

　開発チームで議論し、デザイン案がこの３点を達成しているかどうかを検討した上で、最終的にはブランドマネージャーが意思決定をします。
　１つ目の「狙ったポジションが表現されているか」については、従来のポジションを今の時代に合った形で獲得できるデザインかどうかということです。競合および過去のデザインと比較し、狙うべきポジションを獲得できるデザインになっているかを見ます。
　２つ目の、「特定のイメージが改善されているか」については、例えば食品であればおいしそう、医薬品であれば安心安全・効果がありそうといった項目で従来特に低かったイメージワードが改善されているかを確認します。
　３つ目の「既存のユーザーが納得してくれるか」についてですが、ロングセラーのデザインの半分は長年愛してくれたユーザーのものでもあるわけです。デザインをリニューアルした結果、「これは私の大好きなあの商品のデ

Part 1　マーケティングとパッケージデザイン

ザインではない」という印象を持たれることは避けなければなりません。デザインリニューアルの失敗は、この「長年愛してくれたユーザーの反発」によるものが大きいように思えます。調査結果を参考にすることはとても大事ですが、それだけに頼らず、デザインをしっかりと何度も見ることで自分自身が真剣に評価し、意思決定することも、とても大切です。

▶▶▶ **リニューアルデザイン案の評価と決定**

1. 狙ったポジションが表現されているか
2. 今よりも特定のイメージが改善されているか
3. 既存のユーザーが納得してくれるか

調査結果を参考にしつつも最終的には自分の意思が大切

世界共通デザインかローカライズデザインか

世界共通デザインは最強デザイン

　競争がグローバルになるにつれて問題になってくるのが、世界共通のパッケージデザインでいくべきか、ローカルに合わせたデザイン展開をしていくべきかという判断です。

　世界共通デザインのメリットには、ローカライズの手間が省ける、コスト（デザイン制作・在庫調整など）が抑えられる、共通の広告素材を使える、一貫したブランドイメージをつくれるといったことがあります。**ローカライズデザイン**の場合にはコストがかかりますが、現地の消費者に受け入れられやすいというメリットがあります。また、現地で働くスタッフのやりがいにもつながります。

　その商品が自社のオリジナルである場合は、世界共通デザインでいくことができます。ここでいうオリジナルとはつまり、今までそういった商品がその国になかったということです。ないのですから、ローカライズのしようがありません。「コカ・コーラ」などはもともと各国にそういった商品がありませんでしたから、米国のデザインが世界基準になっています。日本企業の商品の例では「ヤクルト」や米国市場における「キッコーマンのしょうゆ」などがあります。ただ、パッケージデザインは商品の中身や生産方式などと比べて、低コストでローカライズできるために、何らかの形で現地のマーケットに合わせる工夫をしている場合が多いようです。

　また、嗜好品ではオリジナルデザインが受け入れられるカテゴリーも存在します。例えば、化粧品、タバコ、アルコール飲料などは商品のバラエティーが求められるため、オリジナルデザインの価値が認められる傾向があり、ローカライズが必要ないケースもあります。ワインなどは代表例でしょう。

Part 1　マーケティングとパッケージデザイン

逆に、ネーミングや色が明らかにその国で受け入れられないようなケースでは、ローカライズが必須になります。「カルピス」はカウピス（牛の尿）と聞こえてしまうので、英語圏では「カルピコ」として販売しています。宗教上の問題で使用が禁止されている原料や、それにまつわる表示が必要な場合もあります。

▶▶▶ 世界標準デザインかローカライズデザインか

世界標準デザインのメリット	ローカライズデザインのメリット
●ローカライズの手間が省ける ●コスト（デザイン制作・在庫調整など）が抑えられる ●共通の広告素材が使える ●統一したブランドイメージ	●消費者に受け入れられやすい ●現地で働く人のモチベーションアップにもつながる

世界標準デザイン　その国にない商品は世界標準デザインで展開しやすい

　日本　　　台湾　　　ブラジル　　オランダ　　米国

ローカライズデザイン　その国に合わせたデザインは消費者に受け入れられやすくなる

　EU　　　　米国　　　メキシコ　　ブラジル

　インド　　　タイ　　インドネシア　シンガポール

第3章　他社に勝つ

デザインと戦略の関係

戦略を理解した上でデザインの方針を決める

　パッケージデザインを制作の前に、ターゲットをイメージし、伝えるべきベネフィットやデザインの世界観などをまとめてから、デザインの制作に入っていきます。しかし、ここでもう1つ大切なのが、**戦略**との整合性です。この項ではデザインと戦略の関係性を、できるだけ分かりやすく紹介していきます。たとえ素晴らしいパッケージデザインが出来上がったとしても、戦略に合っていないと売れるパッケージにはなりません。

　戦略とは、経営の世界でよく使われる「競争にどう勝つか」という考え方です。企業経営においては戦略のことを「中長期的に、まねされない利益を生み出す仕組みや戦い方」というニュアンスで使うことが多いと思います。学術的には様々な定義や歴史がありますが、ここでは割愛します。

　「こういうときは、こういう戦い方をすると負けにくいよ」とか「勝てる可能性が高まるよ」という先人の教えをまとめてくれているのが戦略論なのです。上手に先人の知恵を学び、デザイン制作の方針に落とし込むことが大切です。

　これがパッケージデザインとどう関わってくるかというと、場合によっては競争相手のまねをしたり、競争相手も含めてみんなで同じようなデザインにしたりしたほうがいいときもあります。競争相手が巨大でとても勝てそうにないのか、少しは勝ち目がありそうかでも、戦い方は異なります。戦い方が異なればデザインもその戦い方に準じるのです。

　経営学で「組織は戦略に従う」という言葉がありますが、同じようにデザインも戦略に従います。とはいえ戦略そのものが具体的なデザイン案を教えてくれるわけではありません。戦略が明確であれば、「どういうことをした

Part 1　マーケティングとパッケージデザイン

ほうがいいか、どういうことをしてはいけないのか」といった視点で、正しい道筋を教えてくれるのです。そして売れる確率を高めてくれるのです。

　例えば、今回の商品は広告にお金を使うことをやめて、販売してくれるお店へのマージンを厚くするという戦略を選んだとします。この場合、広告を見て消費者が店頭に買いに来ることは少なくなりますが、販売店は競合商品よりあなたの会社の商品を売ったほうが利益が出るので、積極的にあなたの会社の商品をお客様に説明してくれます。これを**プッシュ戦略**といいます。
→ p.62
この場合、パッケージデザインはどのようなデザインにするのがいいでしょうか。こういった戦略を理解した上でデザインの方針を決めることはとても大切なことなのです。

競争戦略

▶▶▶ デザインに影響を与える代表的なマーケティング戦略

基本戦略	差別化・コストリーダーシップ・集中戦略のどれをとるか
製品ライフサイクル	買う人や競争が段階的に増え、 成長・成熟・衰退というライフサイクルをたどる
競争ポジション	リーダー、チャレンジャー、フォロワー、ニッチャーの どのポジションで戦うか
ポジショニング	競合ブランドに対してどのようなブランド、 商品として見せるか
プル戦略・プッシュ戦略	広告等により消費者に働きかける（プル戦略）のか、 高マージン等により販売者に働きかける（プッシュ戦略）のか
流通戦略	どこで売るのか、それはなぜか、 流通ルートをどう設計するか
広告戦略	どういった顧客接点で、どういったメッセージを発信するか
IMC	あらゆる顧客接点で同じメッセージ・イメージを 伝えることでコミュニケーション効率を高める
グローバル戦略	現地に合わせるのか、世界共通の戦略で戦うのか

第3章　他社に勝つ

製品ライフサイクルとデザイン

製品ライフサイクルに合わせてデザインを考える

　製品には誕生から死に至るまでの**ライフサイクル**があり、4つのステージに分けて考えられています。市場が初期の段階（**導入期**）では、一部のイノベーターと呼ばれる、新しいものに敏感な人たちしか購入しないため、まだ売り上げは小さく、競合もいません。製品がどういうものであるかをしっかりと伝えることが必要になります。製品が売れ始め、徐々に競合が現れ始める（**成長期**）と、自社製品をいかに市場に展開していくか、また製品を拡張していくかということが重要になってきます。多くの人たちが購入するようになり、**成熟期**を迎えると、それぞれの会社が利益の最大化を狙って、競争地位別にマーケティング活動を展開します。やがて、製品を購入する人が少なくなってくる（**衰退期**）につれて、各企業は投資を控え、利益の確保と撤退のタイミングを考えます。また市場そのものが衰退しないように、技術開発を行い、新しい市場をつくる試みも行われます。

　こういった製品ライフサイクルによるマーケティング戦略とデザインには整合性が求められます。例えば、導入期には、その製品が何なのかという基本機能をパッケージで伝えることと、売り場をつくるために共通のトーン＆マナーを守ることが大切です。これによって、売り場が形成され、消費者に認知されていきます。導入期はみんなで力を合わせることが有効です。成長期には様々な製品が出てくるので、差別化ポイントや製品ラインによる違いをしっかりと消費者に伝えることが重要になります。

　それとともに、来るべき成熟期に向けて、デザインのアイデンティティを育てていく必要があります。成熟期には製品の技術的差異で勝負するのが難しくなっていくので、育ててきたデザインのアイデンティティ、ブランド戦

Part 1　マーケティングとパッケージデザイン

略が重要になります。記録メディアなどは製品のライフサイクルが周期的に入れ替わる典型的な市場です。

▶▶▶ 記録メディアの製品ライフサイクルとデザイン戦略

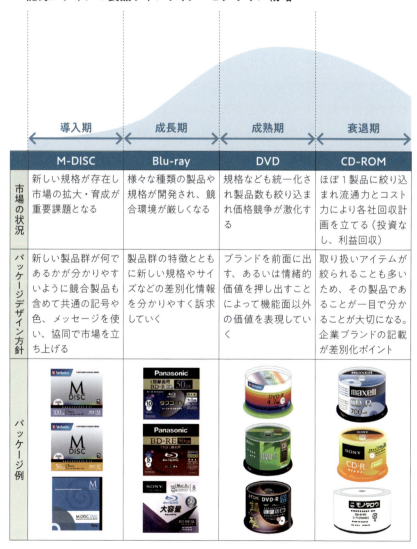

	導入期	成長期	成熟期	衰退期
	M-DISC	Blu-ray	DVD	CD-ROM
市場の状況	新しい規格が存在し市場の拡大・育成が重要課題となる	様々な種類の製品や規格が開発され、競合環境が厳しくなる	規格なども統一化され製品数も絞り込まれ価格競争が激化する	ほぼ1製品に絞り込まれ流通力とコスト力により各社回収計画を立てる（投資なし、利益回収）
パッケージデザイン方針	新しい製品群が何であるかが分かりやすいように競合製品も含めて共通の記号や色、メッセージを使い、協同で市場を立ち上げる	製品群の特徴とともに新しい規格やサイズなどの差別化情報を分かりやすく訴求していく	ブランドを前面に出す、あるいは情緒的価値を押し出すことによって機能面以外の価値を表現していく	取り扱いアイテムが絞られることも多いため、その製品であることが一目で分かることが大切になる。企業ブランドの記載が差別化ポイント

第3章　他社に勝つ

14

新しい市場をつくるときのパッケージデザイン

従来商品から離れたデザインテイストを取り入れる

　今までにない市場を新たにつくるような**新市場創造型商品**の場合、デザインは今までのカテゴリーによくあるものから離れたテイストである必要があります。従来のデザインのトーン＆マナーを踏襲してしまうと、消費者に今までの商品と同じようなものと認識されてしまうからです。例えば、以前、江崎グリコがストレスを解消する GABA を多く含むチョコレートで新市場をつくりましたが、パッケージは従来のチョコレートらしいものとはかなり違うデザインになっています。それはこの商品が従来のチョコレートとは違った、新しい機能性を持った商品だというメッセージなのです。大塚製薬の「カロリーメイト」や「ポカリスエット」も、今までの食品や飲料とはかなり違った斬新なパッケージデザインをしています。このような商品は共通して、「今までの商品とは違うんだ」という主張をパッケージを通じて伝えています。

　このように新しい市場をつくる際のパッケージは、まず「今までと違う」というメッセージを伝えることが重要です。また商品パッケージの中に、ベネフィットを伝えるキャッチコピーを入れることもかかせません。江崎グリコ「GABA」には発売当初、「ストレス社会で闘うあなたに」というコピーが入っていました。また、緊急の下痢に水なしで飲める薬「ストッパ」には、「突発性の下痢に」「水なし１錠で効く」と書かれています。そもそも消費者にとって初めての商品を世に出すわけですから、分かりにくいものを伝えなければならないという前提に立って、ベネフィットを短く分かりやすく伝えるキャッチコピーが重要なのです。

　また、市場創造に成功した際には、様々なブランド拡張（ブランドエクス

Part 1　マーケティングとパッケージデザイン

テンション）が考えられるため、色やロゴなどのアイデンティティをしっかりとつくっておく必要があります。そもそも新市場をつくり上げるには、パッケージデザインだけでは限界があり、どこかで広告投資が必要になります。その際にも、パッケージデザインに強いアイデンティティがあれば、広告とパッケージ、店頭での結びつきを強めてくれる強い絆になります。新しい市場を今までにないデザインでつくり出したときには、そのデザインは市場を代表する顔として君臨し、高い競争優位性を企業にもたらします。

▶▶▶ 新市場創造型商品のパッケージデザイン

① 今までのカテゴリーから離れていること

- 新しい、今までにないと思わせることが重要
- その後の新カテゴリーのリーダーとしての
  デザインアイデンティティを確立する(先行優位性の確立)

② ベネフィットをしっかりと訴求

- そもそも分かりにくいもの
  ➡ 言葉でベネフィットをしっかりと訴求
- 特徴を分かりやすく
- 「ストレス社会で戦うあなたに」GABA
  「突発性の下痢に」「水なし1錠で効く」ストッパ
- 市場立ち上げには広告投資が必要

③ パッケージの中にアイデンティティとなるものをつくる

- コミュニケーションのフックになる
  （コミュニケーション効率を上げる）
  ❶広告・販促との連動　❷PR効果
- 売れていくことでブランドエクステンションの際の
  アイデンティティとして活用できるように
- ブランド資産にしていくための事前の設計
  （カラー、ロゴ、ブランドマーク、レイアウト、コピー等）

戦略的模倣

追随するというデザイン戦略

　デザインをまねることは、いけないのでしょうか。意匠権や著作権の観点からすると、既存のデザインを意図的にそっくりまねることは許されません。一方で**戦略的模倣**という企業戦略は存在します。商品の偽造や単なる模倣は、消費者を誤認させることが狙いで、法律上許されませんが、戦略的模倣は、同じような商品群として認識してもらうためだという違いがあります。

　戦略上、こういったデザインの模倣が有効なパターンは2つあります。1つは、リーダーによる戦略的模倣です。リーダー、チャレンジャー、フォロワー、ニッチャーという4つの競争ポジションがあり、それぞれの戦い方の定石が存在しますが、リーダーの戦略の定石の1つは模倣です。リーダーは通常、他の企業に比べて商品を最も安くつくれ、市場へ商品を配荷する力もあります。このため体力で劣る競合の新商品を模倣することで、安い価格で、かつ広い市場に向けて商品を供給できるのです。

　もう1つは、市場を立ち上げるフェーズでの模倣です。新しい市場を立ち上げるときには多くの企業が参入してきますが、売り場にしっかりとカテゴリーをつくり、消費者にそういった商品群があると認識させていく必要があります。そういうフェーズでは、各社はある程度共通のデザインテイストを守りながら、市場そのものを一緒につくっていくということが大切になります。

　このように、デザインは自社の戦略との適合性を意識する必要があります。デザイン案を目の前にするとその主観的評価に集中するあまり、戦略との適合性を忘れてしまいがちですが、自社の戦略をしっかりと意識し、それに沿ったデザインをすることが重要になります。

Part 1　マーケティングとパッケージデザイン

▶▶▶ 戦略的模倣のケース

リーダーによる戦略的模倣

資本力・コスト競争力・市場への商品配荷力などを有効活用するために既に売れている、評価の高いデザインを戦略的に模倣する

市場立ち上げ時の商品群の形成

市場の立ち上げの際には、流通に売り場をつくってもらい、商品群としての認知を促進するために共通のデザインコードを使う。例えば、ブルーレイは各社共通の青色を採用した。

第3章　他社に勝つ

16

競争ポジション
（リーダー・チャレンジャー・フォロワー・ニッチャー）

競争ポジションによってデザインは決まる

　競争戦略の考え方の中で、競争地位（**競争ポジション**）という概念があります。慶應義塾大学名誉教授の嶋口充輝氏は、競争ポジションを**リーダー**、**チャレンジャー**、**フォロワー**、**ニッチャー**の大きく４つに分け、市場で最大の経営資源とシェアを持つ企業をリーダー、リーダーと首位争いを狙えるだけの地位にいる企業をチャレンジャー、リーダーを狙う経営資源や際立った独自性を持たない企業をフォロワー、リーダーを狙う経営資源はないが、何らかの独自性を有する企業をニッチャーと定義しています。

　それぞれには戦略の定石があります。リーダーは、市場の拡大の恩恵を最も受けることができるので、周辺の需要を拡大し、コスト競争力や市場への配荷力を生かして、良い商品があれば同質化競争をすることで市場シェアを拡大していく。チャレンジャーはリーダーと同じことをしても経営資源に差があるため、差別化を実現しなければならない。フォロワーは迅速にリーダーやチャレンジャーを模倣し、ニッチャーは特定市場において、市場を拡大し、非価格対応をしていくというものです。

　これをデザイン戦略に当てはめた場合、リーダーは同質化デザイン、つまり嫌われないような守りのデザインをしたり、競争相手が良いデザインを出してきたらそれを意識したデザイン戦略を採ります。チャレンジャーは、リーダーと差別化されたデザインを重視し、フォロワーは迅速にリーダーやチャレンジャーを模倣するデザイン戦略を実施し、ニッチャーは独自のターゲットに響く個性的なデザインを追求していくことになります。

　必ずしもこれらの戦略だけがすべてではないですが、自社の競争ポジションとデザインの関係性、定石については理解しておくべきでしょう。数年お

Part 1　マーケティングとパッケージデザイン

きに大きくデザイントーンが変わるコンビニ各社のデザイン戦略などは、競争ポジションとデザインを考える上で参考になります。

▶▶▶ 競争ポジションとデザイン

	リーダー	チャレンジャー	フォロワー	ニッチャー
戦略定石	周辺需要拡大・同質化・非価格対応	リーダーとの差異化	リーダー・チャレンジャーの模倣	特定市場内でミニリーダー
デザイン方針	同質化デザイン 嫌われないデザインを選び機能・価格・流通で勝つ	差別化デザイン デザインで価値を生み出し、新しい消費者の創造に挑戦	模倣デザイン リーダーもしくはチャレンジャーを迅速に模倣	個性的デザイン 消費者を特定しデザインをブランド資産として展開・活用

競争戦略

第3章 他社に勝つ

117

コーポレートブランド戦略と個別ブランド戦略

自社のブランド戦略をパッケージデザインに反映させる

　ブランド戦略には、企業ブランドを前面に押し出していく**コーポレートブランド戦略**と、個別の商品ブランドを育成していく**個別ブランド戦略**があります。

　コーポレートブランド戦略は自社をブランドとして前面に押し出すことで、安心感や上質感といった企業として蓄積してきたイメージを活用できるため、コミュニケーション効率が高い戦略といえます。一方で、自社のイメージに合わないカテゴリーなど、あらゆるカテゴリーで企業のブランドを前面に押し出してしまうと、結果としてその企業のイメージがぼやけてくるというデメリットがあります。

　個別ブランド戦略はその点、1つひとつのブランドが独立しているため、固有のブランドイメージをつくりやすく、他のブランドでダメージがあっても、影響を最小限に食い止められるといったメリットがあります。例えば、その企業が不祥事を起こしてしまった場合、企業ブランドを前面に出したコーポレートブランド戦略の場合、傷ついた企業ブランドによってすべての商品に影響が出ます。個別ブランド戦略の場合は、育成にコストがかかりますが、育成されれば活用しやすく、例えばブランドを売却するなど戦略の自由度も高まります。

　日本の場合は、戦後に市場が急成長し、次々と出る新商品を安心して購入してもらうためにコーポレートブランド戦略を重視してきたという特徴があります。最近は多様化する消費者ニーズに合わせて、コーポレートブランド戦略と個別ブランド戦略をミックスしたり、コーポレートブランドを少しずつ小さくして、個別ブランドとして1人立ちさせていく**ブリッジング戦略**な

Part 1　マーケティングとパッケージデザイン

どを採用する場合もあります。いずれの場合も、自社のブランド戦略をパッケージデザインに反映することが重要です。

▶▶▶ ブランド戦略によるデザインバランス
自社のコーポレートブランドと個別ブランドのバランスを明確にすることで
パッケージデザイン上の表現バランスを保つ

競争戦略

第3章　他社に勝つ

競争優位性としてのデザイン

自社にとってのデザインの価値を明確にすることから

　1970年代から軍事的用語の「戦略」という言葉が経営でも使われ始め、どうしたら安定して競争に勝てるのかという考え方が議論されるようになってきました。「**競争優位性**」とは、簡単にはまねできない、中長期にわたって競争に勝つための仕組みをいいます。競争に勝つには、市場価値が高い技術を持つ従業員が1つになって、消費者に素晴らしいサービスを提供するなど色々な方法がありますが、デザインもそのうちの1つです。

　市場が成熟するにつれて、企業は圧倒的な差のある商品やサービスを開発することが困難になってきました。そうなると、機能面ではなく情緒的なデザイン面での差別化が必要になってきます。デザインの重要性が高まるにつれ、どのようにして「他社よりも質の高いデザインを世に出せる会社になるか」が問われてきます。

　他社に勝つデザインをつくれる会社になるにはどうしたらいいのでしょうか。それがこの章のテーマです。有名なデザイナーに高いお金を払って発注するだけでは、他社に勝つデザインをつくれる会社にはなれません。「デザインとはどのような価値を消費者に届けるものか」という明確な目標があり、そのために「どのようなデザインを良いデザインとするのか」「それをどのように判断するのか」「社内の組織をどうつくり、人材を教育し、デザイナーとの継続的な関係性をどのように構築していくのか」といった仕組みをつくっていくことが必要です。

　会社によって競争優位性のパターンは色々あります。必ずしも社内にデザイナーがいる必要はありません。しかし、自社と消費者にとっての良いデザインの価値観を明確に持ち、その仕組みづくりをするというフレーム自体は

Part 1　マーケティングとパッケージデザイン

変わりません。例えば、デザイン力のある会社として無印良品と小林製薬があります。無印良品は「空っぽ（エンプティネス）」という日本の美に通ずるデザインのゴールを明確に持っています。小林製薬は「"あったらいいな"をカタチにする」というスローガンの下、商品の効能をとにかく分かりやすく伝えています。まずはこういったデザインの目標を持つことが大切です。

デザインを競争優位の源泉にするための方法については、p.126 で詳しく説明します。

仕組み

▶▶▶ 競争優位の源泉としてのデザイン

競争優位性
中長期的にまねできない利益を生み出す仕組み

デザインを競争優位性の源泉にするには

```
自社にとってのデザイン価値
（消費者にとっての価値）
```

```
デザイン価値を実現する仕組みづくり

「どのようなデザインを良いデザインとするのか」
「それをどのように判断するのか」
「社内の組織をどうつくるか」
「どう教育するか」
「デザイナーとの関係性をどのように構築していくのか」
```

第3章 他社に勝つ

デザインを取り巻く環境の変化

環境の変化は大きなチャンス

デザイン経営というキーワードが注目され、デザインは経営の大事な資源だという認識が広がっています。デザインという資源を上手に使い、目標を設定し、仕組みをつくっていくことで、他社が簡単にはまねのできないデザイン力のある会社に成長していきます。この目標・仕組みづくりに大きな影響を与えるのが環境の変化です。

これからの10年、パッケージデザインを大きく変えていくのはデジタル化と環境問題の2つでしょう。スマートフォンやIoTの登場により、人々の生活や、商品が提供できる価値が大きく変わりつつあります。さらに、企業は活動そのものをデジタル化する**DX**（デジタルトランスフォーメーション）に向けて仕事の流れを大きく変えようとしています。この動きがパッケージデザインのつくり方や在り方に大きな影響を与えることは間違いありません。パッケージデザインにセンサーが付くようになり、購入、使用、廃棄に至る大量のビッグデータを取得できるようになったとしたら、企業はそのデータをどのようにマーケティング活動に生かしていくのでしょうか。

また、**AI**（人工知能）がデザインを評価・生成できるようになったら、どのようにデザインの開発に生かしていくのでしょうか。QRのような二次元コードをはじめとしてパッケージデザインとつながるデジタルコンテンツを商品の価値としてどう取り込んでいくべきでしょうか。

もう1つは**SDGs**（持続可能な開発目標）に代表される**環境問題**があります。特にパッケージは大量の資源を使うため、環境への配慮が求められています。自社の競争優位性としてどのように環境に配慮したパッケージを商品化していくか、業界としてのエコシステムの確立、日本が国際的競争力を誇

る素材の開発力をどう自社の商品に生かすのか。今進行している大きな環境の変化は、チャンスでもあるのです。

　大切なのは先に実行することです。日本企業は市場が成長していたときの名残でしょうか、挑戦スピードが遅いと感じることがあります。競争上、先にアクションを起こしたときの利益は先行者利益として大きな成功につながります。ぜひ環境の変化を機会と捉え、新しい価値の実現に積極的に挑戦してほしいと思います。

▶▶▶ **これからパッケージデザインを取り巻く環境に起こる大きな変化の視点**

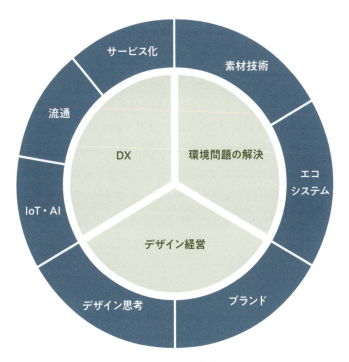

いち早く取り入れていくことで、先行者利益を獲得していくチャンス

デザインマネジメント体制

目標と組織設計・運用ルールを明確にする

　パッケージデザインのマネジメントにおいては、目標を明確にし、その目標に沿った組織設計と運用ルールをつくることが重要です。

　「あなたの企業にとって、デザインはコストですか？ それとも資産ですか？ あるいはマーケティングツールですか？ 競争優位の源泉ですか？」

　経営者がこの問いに明確に答えることができるのであれば、デザインマネジメントの組織設計と運用ルールが決まります。「デザインはコストである」と考えている場合には、最も早く、間違いのない正確なデザインを効率的につくり上げる組織設計をすることになります。「デザインはマーケティングツールである」と考えているなら、スムースな開発、一貫したコミュニケーションができるような組織設計や組織の目標を設定できます。逆に、「デザインは資産である」とすれば、ブランドマネジメントの一環としてデザインを管理することが重要になります。「デザインは競争優位の源泉である」と考えているなら、自社内で優秀なデザイナーを育てたり、優秀なデザイナーに「この企業と一緒に仕事をしたい」と思わせたりする会社にしなければなりません。このように、パッケージデザインが自社にとってどういう位置づけにあるのかを経営者が明確にすることが、**デザインマネジメント**の出発点になります。

　この位置づけが明確でなかったり、目標と組織の設計・運用ルールが合っていなかったりするために、デザインマネジメントがうまくいっていないケースが見られます。

　組織設計では、後述（p.130）のパッケージデザイン組織に求められる5つの機能を、どの組織が担い、どこまでを内部化してどこからを外部化する

Part 1　マーケティングとパッケージデザイン

のかを決定します。運用ルールでは、組織の目標に沿った採用（配置）、教育、評価のガイドラインを作成し、ルールを年々進化させていきます。

▶▶▶ デザインマネジメントのフレーム

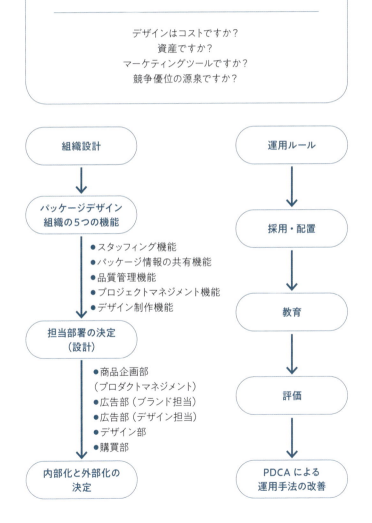

第3章　他社に勝つ

デザインで勝つ企業をつくるには

デザインを競争優位の源泉にする2つのパターン

デザインを**競争優位の源泉**にするための方法は色々あります。

その1つが、優秀なデザイン人材を集めることです。例えば、資生堂のパッケージデザインはその美しさや完成度の高さが世界的に評価されており、デザインを企業の競争優位性の1つにしている企業といえるでしょう。資生堂のデザイン部門は歴史があり、会社が部署の存在を長きにわたり大切にしてきたと感じます。美大生の就職先として資生堂は憧れの存在です。優秀な人材を引き付ける力は、資生堂デザインの源泉になっているように思えます。他にもポーラやサントリーなど、美大生に人気の企業は高いデザイン力を維持しています。デザインを大事にする文化が優秀な学生を引き寄せているというパターンです。

もう1つ、明確でぶれないデザインポリシーを持つことも、デザインで抜きん出る企業をつくる有効な方法です。小林製薬は、日常生活に役立つ商品を分かりやすく伝えるというパッケージデザインで、一貫したポリシーを貫いています。「トイレその後に」「ナイシトール」「熱さまシート」など、商品名とキャッチコピー、ビジュアルで分かりやすく伝えるデザインパターンを持っています。このパターンを続けることで、消費者も、小林製薬らしいパッケージを受容しています。

デザインポリシーでいえば、IKEAやポルシェも秀逸なデザインポリシーを体現し続けています。IKEAは北欧の優れたデザイン性はもちろんですが、価格もデザインであるという信念に基づき、できるだけコストをかけずに生産できるようなデザインを徹底しています。そのためIKEAのデザインは無駄のないデザインを生み出し続けています。

Part 1　マーケティングとパッケージデザイン

デザインポリシーは、その国の美の歴史と強い関係性があります。デザインで勝つ企業の代表といえば、私は無印良品だと思います。その高いデザイン性は世界中で認められ、MoMAにも展示されるほどですが、そのデザイン性の高さはしっかりとしたデザインマネジメントに裏付けられています。すべてではありませんが、そのポイントを下の図で紹介します。

▶▶▶ **デザインで勝つ企業をつくるには**

2つの視点

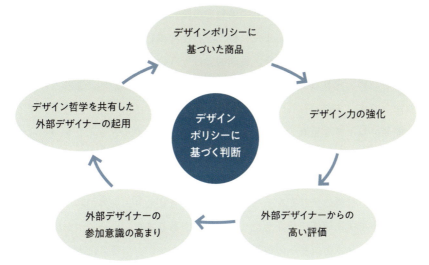

▶▶▶ **無印良品のデザインの強さを支える流れ**

第3章　他社に勝つ

デザイン教育

良いデザインは企業の選択眼で決まる

　その企業が良いパッケージデザインの商品を出せるかどうかは、最終的にはその企業の選択眼にかかっています。いくら良いデザイン案があっても、それを選ぶ力がなければ、その企業のデザイン力は一向に上がりません。デザイン教育の目的の１つは企業全体の選択眼を磨くことです。良いデザインを選ぶ力は、パッケージデザインに直接関わる現場の人だけではなく、むしろ意思決定権のある役職が高い人にとって大切です。

　難しいのは、良いデザインと売れるデザインは違うということです。マーケティングや経営視点では、良いデザイン＝売れるデザインですが、芸術的視点では、良いデザインと売れるデザインは違います。

　デザインの選択眼を磨くには、今売れているデザイン、新商品のデザインの流れ、最新の素材や容器などの情報を役職に関係なく、しっかりと社内で共有することが大切です。また、様々な賞を獲得したデザインをじっくりと見ておくこともよいでしょう。長期的にはそういったデザインの良さを多くの人が認め、売れるデザインの大きな流れをつくるきっかけになることがあるからです。また、社外のデザインセミナーなどを活用して、自社のデザイン開発プロセスを見直してみる、標準化してみる、ガイドラインをつくってみるといった取り組みも、**デザイン教育**の一環として有効です。

　デザインを社内でつくる組織の教育に大切なのは、対外試合を経験させることです。社外のデザインチームとコンペをさせたり、海外のパッケージデザイン事務所に研修に行かせたりする方法があります。自社の中だけにいると自社の商品カテゴリーの情報には目が行きますが、消費者はもっと多くのカテゴリーのデザインから影響を受けているのです。カテゴリーの壁を越え、

Part 1　マーケティングとパッケージデザイン

他の業界からもデザインのトレンドを学ぶようにしましょう。

仕組み

▶▶▶ デザイン教育の3つの目標

3つの目標

目標	選択眼の向上	プロセスの開発	デザイン力の向上
対象者	●パッケージデザイン制作に関わるスタッフ ●デザイン選択の意思決定に関わる管理職	●デザイン制作に関わるスタッフ ●デザイン制作に関わる部署の管理職	●デザイナー
方法例	●美の歴史 ●デザイン賞などの情報共有（自社カテゴリーに限らず） ●新商品・ヒット商品などのデザイン情報の共有（自社カテゴリーに限らず） ●海外デザインの情報共有 ●旬のデザイナーの話を聞く	●デザインセミナー活用 ●プロジェクトチームによるデザインプロセスの見直し、ガイドラインの作成	●外部デザイナーとのコンペ ●他社デザインの外注を受ける ●海外デザイン会社などへの派遣

第3章　他社に勝つ

パッケージデザイン組織の役割

パッケージデザイン組織に求められる 5 つの機能

　良いパッケージデザインをつくるために、企業が持つべき機能は 5 つあります。デザイン部門があればデザイン部門にこういった機能を集約しますが、機能分担がしっかりとできていれば必ずしもデザイン部門をつくる必要はありません。次の 5 つの機能を、どのようなガイドラインで運営するかがデザインマネジメントの実務的な部分です。

1．スタッフィング機能
2．パッケージ情報の共有機能
3．品質管理機能
4．プロジェクトマネジメント機能
5．デザイン制作機能

　この 5 つの機能の役割分担を明確にし、どれかの機能で他社に勝てる優位性をつくることが大切です。大量のデザインを効率的につくっていきたいのであれば、プロジェクトマネジメント機能を強化する必要があります。デザイン品質で他社と差別化するならば、品質管理機能を強化してもいいですし、デザイン制作機能を強化する方法もあります。ブランド目標に沿ったデザイン制作もこの品質管理機能に含まれます。

　必ずしもすべてを内部化する必要はなく、うまく外部化しながら 5 つの機能が働く組み合わせを考えればいいのです。

Part 1　マーケティングとパッケージデザイン

▶▶▶ パッケージデザイン組織に求められる5つの機能

① スタッフィング機能

そのデザインをつくり上げるのに、最も適したデザイナーやデザイン事務所を探し、最適なスタッフ配置を行うとともに外部スタッフとの長期的関係性を維持する機能

② パッケージ情報の共有機能

素材や技術などパッケージの容器や製造方法に関わる技術・生産面での情報や、デザイントレンドなどの収集・蓄積とそれを共有する機能

③ 品質管理機能

商品の訴求点やブランド強化を考え、その目標通りにデザインが仕上がるように品質を指示・管理する機能

④ プロジェクトマネジメント機能

与えられた予算・期間を最適に分配し、その通りにパッケージデザイン制作に関わるスタッフが動けるように配慮し、または調整する機能

⑤ デザイン制作機能

要求された商品の訴求点やデザインテイスト、完成度を実現したデザインを制作する機能

仕組み

第3章　他社に勝つ

パッケージデザイン組織のパターン

自社の戦略に合った組織体制を

　パッケージデザインの制作をどういった組織が担うかは企業によって異なりますが、大きく分けると3つのパターンがあります。

　1つは、商品企画部門にいる担当者が、それぞれデザイン事務所に直接発注するパターンです。この方法は、担当者の商品への思い入れやイメージをデザイナーと共有しやすい面がありますが、デザインの知識や評価について担当者によって差が出てしまうというデメリットがあります。

　2つ目は、デザイン部門を持つパターンです。デザイン部門は独立して存在しているケースもありますし、広告部門の一部が担うこともあります。デザイン部門はさらに2つのタイプに分かれます。美大出身者などが中心になってデザインまで社内で行うタイプと、デザインを制作する部分は外部化し、デザイナーやデザイン事務所に対するディレクションやプロジェクトマネジメントだけを行うタイプです。デザイン部門があると情報の一元管理ができるので、情報の共有化がしやすく、デザイン資産を長期にわたって管理することが可能になります。

　3つ目は、広告部門で広告担当者が管理するパターンです。パッケージデザインからテレビ CM、雑誌広告、WEB などと一緒に、1つのブランドのクリエイティブを 1 人の広告担当者が管理します。これによって、クリエイティブ表現に一貫性を出すことができます。

　パッケージデザインの制作は大きくこの3つの部門によって行われるケースがほとんどですが、ポイントは自社の戦略にどのパターンが合っているのかという点です。テレビ CM はほとんど打たず、商品数が非常に多いようなケースではデザイン部門を持つほうがいいと思います。大規模の広告投資

Part 1　マーケティングとパッケージデザイン

を前提とした基幹ブランドの育成が重要な場合には、広告担当者が一貫して
コントロールするスタイルが向いています。

▶▶▶ パッケージデザイン組織のパターン

		制作の特徴	メリット
商品企画部門		●商品の企画・損益責任などを担う商品担当者が直接デザイン事務所に発注	❶ 商品への思い入れが伝わる ❷ 早い ❸ 十分な質と量の情報が伝わる
デザイン部門	デザイン制作まで	●社内に専任のデザインチームがありデザイン制作まで行う	❶ コストメリットが大きい ❷ デザイン情報の共有化 ❸ デザインコントロールがしやすい（理念・ブランド・ルール） ❹ デザイン品質が安定する ❺ 印刷加工などの前後工程・素材知識が蓄積される
	ディレクションまで	●ディレクション・プロジェクト管理を担当する ●デザイン制作は行わない	❶ 多様なデザイナーの表現を安定して活用することができる ❷ デザインルール方針を強めることができる ❸ 社外情報の収集や社内への還元がしやすい
広告部門		●商品の広告宣伝を担当する部門の制作担当者	❶ 広告まで一貫性のある企画制作が可能 ❷ スケジューリングに余裕ができる ❸ トータルの予算管理が可能

第3章　他社に勝つ

133

Part 2

パッケージデザインをつくる

第1章

情報を
まとめる

第2章

つくるに
あたって

第3章

デザインを
評価する

情報をまとめる

Part 2では実際にパッケージデザインをつくるにあたって必要な実務的ポイントに移っていきます。

どんなパッケージデザインがつくりたいのか、それをデザイナーに伝えるのがオリエンテーションです。良いオリエンテーションができれば、その後のデザイン開発はうまく進みます。何をしたいのかの明確なゴールがそこにあるからです。

この章では、オリエンテーションに大事な12の項目について説明していきます。あなたがデザイナーに依頼する側であれば、デザイナーに伝える情報のまとめ方の参考に、あなたがデザイナーであれば、十分な情報をクライアントから引き出すために、またクライアントと一緒にどういうデザインにしていくべきかを考える視点としてこれらの項目を活用してみてください。

オリエンテーションの重要性

デザインの出来の７割はオリエンテーションで決まる

オリエンテーションとは、デザイナーに対して、これからデザインしてもらう商品がどういった商品なのか、マーケティング目標、コンセプト、競合の状況はどうかといった、デザイン制作に必要な情報を伝達する大切なステップです。デザイナーの中には、このオリエンテーションの最中に、ふとアイデアが浮かび、それがそのままデザインとなる場合もあるようです。

オリエンテーションでは、十分な情報を丁寧に与えることが必要です。発注側の社内では何度も使われている言葉でも、気づかないうちに業界用語、社内用語となっていることが多く、かみ砕いて説明する必要があります。また、その商品に込めた思いや、ポジショニング、求めるデザインのテイストなどについても、オリエンテーションの時点でしっかりとデザイナーに伝えておくべきです。

そもそも、デザインイメージというのは伝えにくいものです。文字情報以外のビジュアル情報も用意し、デザイナーとディスカッションすることが重要です。オリエンテーションは、一方的に情報を伝えるというよりも、デザイナーとの会話の中で、目指すべきデザインのイメージがぽんやり見えてくるようなやりとりが理想的です。そのためにも、十分な情報を準備し、ディスカッションしやすい雰囲気づくりに努めましょう。クライアントによっては、最初に少し笑い話をする方もいます。そうすることで、ふと浮かんだアイデアを共有しやすくなります。

オリエンテーションの際に伝えるべき情報は、大きく６つあります。ネーミングやポジショニング、技術面などの【商品に関すること】、商品コンセプトや訴求ポイントなど【コンセプトに関すること】、デザインイメージな

Part 2 パッケージデザインをつくる

どの【デザインに関すること】、ターゲットや使用シーンなど【ターゲットに関すること】、マーケティング政策に関わる【戦略に関すること】、スケジュールや予算など【条件に関すること】です。

▶▶▶ **オリエンテーションの際に伝えるべき6つの情報**

商品に関すること

- ネーミング
- 容量・容器
- 商品特徴
- 競合商品
- カテゴリー
- 価格
- 商品ポジショニング
- 売り場

コンセプトに関すること

- 商品コンセプト
- 訴求ポイント
- キャッチコピー

デザインに関すること

- デザインイメージ
- デザインコンセプト

ターゲットに関すること

- ターゲット（使う人）
- 使用シーン・用途用法
- ニーズ・インサイト

戦略に関すること

- 企画の背景
- 導入時期
- 目的
- チャネル
- マーケティング政策
- ブランド

条件に関すること

- スケジュール（納期）
- その他の注意事項
- 依頼内容
- 予算

第1章　情報をまとめる

139

02

オリエンテーションの項目

12 の情報はしっかりまとめたい

　オリエンテーションの内容は各社各様ですが、特に重要なのは下記の**12の情報**をしっかりとまとめることです。

1．ターゲットとインサイト
2．企画の背景
3．ブランドのコアバリューと体系
4．商品コンセプト
5．商品特徴
6．ネーミング
7．キャッチコピー
8．棚の説明
9．競合商品と目指すべきポジション
10．価格
11．デザインイメージ
12．評価基準

　過去にどういったオリエンテーション項目が多いのかを、各社のオリエンシートをもとに集計した結果、オリエンテーション時に使われていた項目は、多い順に、①ターゲット　②ネーミング　③容量・容器　④サイズ　⑤容器形態　⑥アイテム数　⑦商品特徴　⑧商品コンセプト　⑨デザインイメージ　⑩競合情報　⑪企画の背景　⑫制作スケジュール　⑬入稿時期　⑭発売時期　⑮カテゴリー　⑯価格　⑰使用シーン・使用方法　⑱訴求ポイント　⑲商品

Part 2　パッケージデザインをつくる

ポジション　⑳デザインコンセプト　㉑キャッチコピー　㉒販売チャネル
㉓マーケティング政策でした。

　項目は同じでも、企業によって内容にはかなり差があるのが実情です。社
内で各項目についてしっかり定義し、オリエンテーションのレベルを高めて
いく努力が大切です。上記の 12 項目に加え、p.253 のデザイン評価 ABCDE
のシートを添付されることを勧めます。商品に必要な 12 の項目に追加して
今回の商品がどのような評価項目を重視しているのかを事前に伝えること
で、デザイナーに対しても、また、社内の開発チームに対しても、評価軸を
共有できます。次ページ以降で、これらの項目について詳細を紹介していき
ます。

▶▶▶ **オリエンテーションに必要な 12 の項目**

1. ターゲットとインサイト	● どういった人のどんな生活シーンに合うデザインが必要なのか ● ターゲットの何を解決しようとしているのか
2. 企画の背景	● なぜ当社がこのターゲットを対象にした商品を出すのか
3. ブランドのコアバリューと体系	● そのブランドが約束するものは何か ● そのブランドを人に例えたらどんな人か ● 自社内でのその商品のブランドポジション
4. 商品コンセプト	● ターゲットにどんな幸せをもたらすのか
5. 商品特徴	● 商品コンセプトを実現するための商品スペック・特徴・裏付け
6. ネーミング	● その商品名に込められた意味・思い・魂
7. キャッチコピー	● その商品のコンセプト・訴求点・世界観・内容を短く伝えるための文
8. 棚の説明	● どこの棚で売るのか ● その棚はどのような構成・競合になっているか
9. 競合商品と目指すべきポジション	● ガチンコとなる競合商品はどういった商品か
10. 価格	● いくらで売るか ● それは高いか安いか ● その価格にはどのような意味があるのか
11. デザインイメージ	● 表現したい世界観はビジュアルで表すとどういったものか
12. 評価基準	● 何によってパッケージデザインを評価するのか ● その中でも重視する点はどこか

第 1 章　情報をまとめる

オリエンテーションの項目 ❶
ターゲットとインサイト

消費者に寄り添えるか

　この項目で大切なのは、現在の消費者やニーズを独自の視点で捉えることです。必ずしも、何千人もの消費者調査が必要というわけではありません。現在の消費者のニーズを捉えようとする気持ちが重要なのです。

　地方の製薬会社のあるクライアントは、打ち合わせで東京に来るたびに、特定の症状で悩んでいる人を見つけてきては、1時間、2時間と時間をもらって、話を聞きに行っていました。また、ある化粧品会社のオリエンテーションでは、**ターゲット**となる消費者像が生き生きと描写され、どういった人を対象にしているのかが鮮明に共有できた経験があります。

　相手に寄り添って消費者を知ろうとする態度は、驚くほど企業によって異なります。それがそのままオリエンテーションシート（オリエンシート）に反映されるのです。最近は商品が世にあふれ、「インサイトは見えない」といわれますが、ヒット商品のプロセスをヒアリングしていくと、きちんと**インサイト**を把握しているケースがほとんどです。

　誰の、どのような課題に応える商品をつくろうとしているのか——実はオリエンシートで最も差が出る項目がこれです。定量的な調査の裏付けがあることに越したことはありませんが、それ以前に、コアのターゲットとなる人の具体的なイメージとその人が悩んでいる心の声、つまりインサイトを突き止めてください。マーケティングはそこから始まります。

　ターゲットの生活、意識、時代、年代、使用シーン、気分、選択ポイント、趣味、雑誌、ファッション、よく行くお店、使っているアプリ、家族構成、今大切にしていること、不安に思っていること、好きな芸能人、車、学歴、お金、趣味……ターゲットに寄り添えば見えてくることは豊富にあるはずで

Part 2　パッケージデザインをつくる

す。デザイナーはその情報を基に「どういった人のどんな生活シーンに合うデザインが必要なのか」をイメージしていきます。そして、そのターゲットのニーズは何でしょうか。その奥に潜むインサイトは何でしょうか。この商品は何を解決しようとした商品で何を伝えたらいいのでしょうか。

これらをオリエンテーション時にしっかり伝えることで、デザイナーはターゲットのイメージを明確にできるようになります。

▶▶▶ **ターゲットとインサイト**

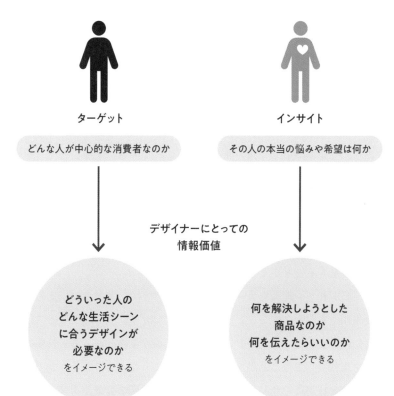

04

オリエンテーションの項目 ❷
企画の背景

─────────

なぜその商品を出すのか

オリエンテーションでは、「なぜその商品を出すのか」という点を制作に関わるすべてのスタッフで共有することが重要です。なぜ、当社がこのターゲットを対象にした商品を出すのか、既存ブランドと新ブランドの関係や、将来的にどのような育成をしていきたいのかといったビジョンなど、企業の考え方と対象となる商品との関係性を明らかにすることです。これによって商品やブランドの理解、未来像をデザイナーと共有することができます。商品をデザインするということは、一過性のものではなく、過去から脈々と受け継がれてきたブランド資産を引き継ぐケースもありますし、また、その商品から始まる 10 年、20 年のスタートを切るケースもあります。

つまり、時間軸の中で今回の商品の位置づけを明確にすることで、中長期を見据えたデザインをつくることができるのです。例えば、より若い層を取り込むために、価格を下げたサブブランドを展開する場合、既存ブランドの歴史を共有する必要がありますし、その後のブランド展開が見えているのであれば、「この色は、後のサブブランド展開のときにとっておこう」というような判断をすることができます。

また、ビジョンや理念をチームで共有することで、消費者に伝えるべき情報の優先順位を明確にすることができます。デザイン制作のプロセスに入ると、目先の「売れるかどうか」という点に意識が集中しがちで、長期的な優先順位を忘れてしまうことがあります。このような場合でもチームで「なぜ今、うちの会社がこの商品を出すのか」という**企画の背景**が明確になっていれば、情報の優先順位に立ち戻れます。

中長期戦略、技術、ブランドプロミス、事業理念、事業ドメイン、企業の

Part 2 パッケージデザインをつくる

歴史などの切り口で商品の背景を共有することで、長期的視点を踏まえたデザイン開発ができます。

　以前、化粧品会社のオリエンテーションでブランドマネージャーがそのブランドの過去と未来を熱く語り、今回の商品の位置づけを教えてくれたことがありましたが、熱いオリエンテーションはデザイナーの心に火をつけるものです。それは質の高いデザインに結びつきます。

▶▶▶ 企画の背景に関する5つの大事な質問

1　なぜその商品を今出すか？

2　企業理念や目標とその商品のつながりはどこか？

3　10年後どんなラインアップを持つ、ブランドにしたいか？

4　ブランド戦略の中で、その商品はどのように位置づけられるか？

5　コアとなる技術がどのように生かされているか？

オリエンテーション

第1章　情報をまとめる

145

オリエンテーションの項目 ❸
ブランドのコアバリューと体系

――――

ブランドを熱く語る

デザインをつくっていく上で、ブランドについて語ることはとても大切です。デザインを通じてどういった世界観を表現すればいいのかは、商品のコンセプトと同様にブランドの世界観に大きく影響されます。ブランドで特に伝えてほしいことは「**コアバリュー**」と「**ブランド体系**」の2つです。

ブランドのコアバリューとは、ブランドの核となる価値定義のことで、そのブランドは消費者に何を約束するのかというブランドプロミスと、人に例えたらどんな人かを定めるブランドパーソナリティーからできています。コアバリューに付随して、例えば、このブランドはどんなイメージが持たれているか、どんなキーワードで記憶されているかといった情報を加えてもいいと思います。

コアバリューについてしっかり共有することにより、デザイナーはこのブランドの世界観を今の時代に合わせて表現していくとともに、未来に向けて強化していく方向でデザインを進めていくことができるのです。

もう1つのブランド体系は、価格帯やターゲットなどで分類したときに自社がどのような構造を持っているかということです。会社の中には価格帯別のブランドがあったり、コーポレートブランドをあえて出さないような個別ブランドもあります。そして、今回の商品がこのブランド体系全体の中で、どのようなポジションにいるのかという点がとても重要です。この情報によって、デザイナーはクライアントの社内でブランドのポジションやイメージがぶつかることなく、すみわけできるようにデザインをしていきます。パッケージデザインのオリエンテーションになると、お互いに特定の商品のことだけに集中しがちですが、ブランド全体から商品を説明することで、単品だ

Part 2　パッケージデザインをつくる

けでなく企業全体にとって最適なデザインがつくられていきます。

　ブランド体系の話をするときには、今だけでなくこれまでの発展の歴史と今後どのように発展させていきたいかという時間軸でも伝えてほしいと思います。それによってデザイナーは未来を見据えたデザインを進めていくことができるのです。

▶▶▶ ブランドのコアバリューと体系

コアバリュー

- そのブランドが約束するものは何か（ブランドプロミス）
- そのブランドを人に例えたらどんな人か（ブランドパーソナリティー）
- ブランドが大事にしてきたイメージや記憶

ブランド体系

- 自社内でのその商品のブランドポジション
- 上位・下位ブランド・コーポレートブランドとの関係性
- 過去と未来を考えたブランドの広がり

デザイナーにとっての
情報価値

**表現すべきブランドの
世界観**
を把握できる

**自社内での
他ブランドとの競合**
を避ける

第1章　情報をまとめる

147

06

オリエンテーションの項目 ❹
商品コンセプト

一番伝えたいことは何か

オリエンテーションで最も重要な項目の1つが、**商品コンセプト**です。商品コンセプトとは、「その商品があると消費者はどのように幸せになるのか」ということです。消費者に伝えたいことはたくさんあると思いますが、パッケージデザインは、表現できる面積が極端に狭いメディアです。オリエンテーションの際には、「訴求したいことが絞られている」「消費者のベネフィットに翻訳されている」という2点が大切です。

よくあるのは、伝えたいコンセプトがたくさんあり、すべてがオリエンシートに羅列されているケースです。すべてを伝えようとしても、結局、何も伝わりません。

また、商品の原料やつくり方などがコンセプト欄に記載されているケースもあります。例えば、非常に効き目のある成分がたくさん入っている商品であっても、その成分をそのまま伝えたのでは消費者は自分のベネフィットとして理解できません。その成分が入っていると、どのように幸せになるのかを翻訳してあげる必要があります。「訴求したいことが絞られている」「消費者のベネフィットに翻訳されている」という2点がクリアできると、パッケージデザインはかなり方向性がはっきりしてきます。

また、コンセプトには、機能的なコンセプトと情緒的なコンセプトがあります。目に見えて直接効果を実感できる機能的なコンセプトに対し、情緒的なコンセプトとは雰囲気や感覚を実感するといった商品価値です。オリエンテーションの際には、この情緒的なコンセプトもしっかりとまとめましょう。情緒的価値はもともと共有しにくい面があるので、書類に記載して伝えるだけでなく、写真などを用意したり、身振り手振りを交えて擬音語を使ったり

Part 2 パッケージデザインをつくる

して共有すると効果があります。

▶▶▶ **商品コンセプト**

一番伝えたいことを明確に

訴求したいことが
絞られているか？

パッケージで
たくさんのことは
伝えられない

消費者のベネフィット
に翻訳されているか？

商品の原料や
技術・生産の情報は
消費者には分からない

07

オリエンテーションの項目 ❺
商品特徴

─────

商品特徴は商品コンセプトと一対

　ここでいう**商品特徴**とは、「なぜ商品コンセプトを実現できるのか」という裏付けです。商品の技術面での優位性、素材・原料の特徴、生産面での特異性などです。例えば、「非常に速く効く風邪薬」という商品コンセプトに対して「特定の成分が最初から溶けているから」といった内容や、「見えない細かいほこりまで集めることができるふきん」という商品コンセプトに対して「素材が業界で最も細かく繊細にできている」といったものが、商品特徴に当たります。

　商品特徴が明確だと、デザイン制作段階で、デザイナーや開発チームに対し「何をどう伝えていったらいいのか」をディスカッションする際に大変役に立ちます。時には消費者のベネフィットである商品コンセプトを伝えるのではなく、商品特徴をそのまま伝えたほうが説得力や新鮮味が出て、売れる場合もあります。

　クラシエの「甘栗むいちゃいました」は商品特徴であり、「簡単に甘栗を食べることができる」という商品コンセプトを実現するための裏付けです。しかし、商品特徴をあえてネーミングという形で前面に出すことで、新鮮で驚きのある商品としてヒットし、ロングセラー商品となっています。このように「商品特徴をストレートに出したほうがいいのか」、もしくは「コンセプトを訴求したほうがいいのか」、あるいは「もっと魅力的な商品コンセプトが他にあるのではないか」など、パッケージデザインにおける訴求ポイントを明確にしてディスカッションをするために、商品特徴の記述は重要な意味があります。「その商品があるとどのように消費者が幸せになるのか」という商品コンセプトと、なぜそれを実現できるのかという裏付けである商品

Part 2　パッケージデザインをつくる

特徴は表裏一体であり、両者とも商品の本当の魅力を探していくために欠かせないのです。

▶▶ 商品特徴と商品コンセプト

- 非常に速く効く風邪薬　　　⋯⋯⋯▶ ● 成分が最初から液体に溶けている
- 細かいほこりまで集めるふきん　⋯⋯⋯▶ ● 素材の粒子が業界一細かい
- 簡単に甘栗を食べることができる　⋯⋯⋯▶ ● 最初から皮をむいてある甘栗

何を伝えれば最も売れるのかをチームで考えるのに重要な材料になる
（商品特徴をそのまま伝えたほうが、商品コンセプトが伝わる場合もある）

甘栗むいちゃいました＝商品特徴

「簡単に甘栗を食べることができる」ということであり、商品コンセプトが十分伝わる

08

オリエンテーションの項目 ❻
ネーミング

ネーミングはロゴをつくる上で最も大切な要素

ネーミングはパッケージデザインにおいて、大変重要です。パッケージデザインの要素には、写真やイラスト、商品説明文など、様々なものがありますが、中でもネーミングをベースにしたロゴはパッケージデザインの中心的位置を占めます。デザイン制作時には、印象に残り、商品やブランドのイメージをしっかりと体現するロゴデザインに細心の注意と時間をかけます。それはロゴデザインが商品のブランドとしての強いアイデンティティになるからです。そして多くの場合、ロゴはネーミングを中心にしてつくられます。仮に、ネーミング以外のマークが加わる場合にも、ネーミングとのバランスを取りながらデザインを進めていきます。

デザイン制作で大切なことは、このネーミングが決まっていることです。まれに「ネーミングはまだ決定していないので『仮』の名前で進めてください。後で変更します」といったケースがありますが、ネーミングが決まっていないのであれば、ロゴのデザイン制作を進めるべきではありません。方向性にぶれが生じるなど、せっかくのデザイン制作の時間や労力が無駄になってしまうからです。せめて、2つ程度にネーミングを絞ってからデザイン制作を進めたほうが、デザインチームの力を有効に使うことができます。

また、グローバル展開やインバウンドによる購入を見越して検討している場合、そのネーミングを発したときの聞こえ方が、特定の国で意図しない意味やイメージを内包していないかを確認することも大切です。これを**ネガティブチェック**といいますが、会社名やロングセラーブランドでも特定の意味を回避するのに苦労している例を見かけます。

最終的にどういうネーミングにするかは、ブランド的視点、コミュニケー

Part 2　パッケージデザインをつくる

ション的視点、競争的視点などから検討していく必要がありますが、オリエンテーションの際には、ネーミングを1案、もしくは2案程度に絞り、そのネーミングを検討した過程、意図、狙いを共有することが重要です。ネーミングを検討したプロセスや意図を共有することは、クリエイティブチームにとって、その商品が目指す世界観を理解するきっかけになります。

オリエンテーション

▶▶▶ ネーミングとロゴの関係

> パッケージデザインの中心となる要素
> **ロゴ**

> そのロゴをつくるのに必要なのが
> **ネーミング**
>
> - ネーミング、その商品に込めた思いをチームで共有することでデザインの方向性が見えてくる
> - グローバル展開やインバウンドによる購入を見据えて、国によってネーミングや発声したときの聞こえ方に特定の意味が付随していないかを確認

第1章 情報をまとめる

09

オリエンテーションの項目 ❼
キャッチコピー

――――――

短く商品の魅力を伝える

キャッチコピーは、パッケージを見た消費者がその商品を購入しようと心に決める大切な最終ポイントになります。何らかの刺激でその商品が目に入ってきたとしても、最終的にその商品を購入するかどうかは、「その商品が自分にどのような幸せをもたらしてくれるのか」を納得できるかどうかにかかっています。パッケージデザインを制作するに当たって、どれだけキャッチコピーを自然に読んでもらえるかは、重要です。

パッケージは使える面積が限られていることが多いので、短ければ短いほど文字も大きくでき、目立たせることができます。オリエンテーションの際に、今考えているキャッチコピーの文字数が多過ぎないかをデザイナーに確認することを勧めます。もし、文字数が多過ぎるようであれば、デザイナーと相談して、理想的な文字数に近づける柔軟性を持つことも重要です。

商品に入るキャッチコピーは広告と違い、商品の魅力をしっかりと伝えることが第一です。広告では不特定多数の人に振り向いてもらうため、まさに"キャッチ"する役割がありますが、商品のコピーは、すでに購入しようかどうか考えてくれる人が読んでくれるものです。振り向かせるという視点よりも、「他の商品にはない」「この商品だけの魅力」を納得感を持ってもらえるように伝えることが重要です。

良いキャッチコピーは、五感に響く納得感があり、これまで他社にはなかった新しさを感じさせるものです。逆に、一方的に商品特徴を説明しようとするコピーや、他の商品と同じようなことを伝えるだけのコピーは、購入を決断してもらう力を持ちません。優れたキャッチコピーは、必ずしも著名なコピーライターがつくったものではなく、むしろ商品担当者自らが考えに考え

Part 2　パッケージデザインをつくる

てたどり着いたものが多いようです。

▶▶▶ キャッチコピーで気をつけるポイント

- 短い
- 分かりやすい
- 五感に響く納得感がある
- これまで他社にはなかった新しさがある

▶▶▶ キャッチコピーの役割

パッケージに書かれるキャッチコピーは購入を決断させる

最終的にしっかりとキャッチコピーを読ませるレイアウト

オリエンテーション時には文字数やネーミングとの位置づけをデザイナーと確認

オリエンテーションの項目 ❽
棚の説明

パッケージが勝負する舞台はどこか

　どの棚で売るのかによって、パッケージデザインのトーンは全く変わってきます。同じスペックの商品であっても、牛乳売り場に置かれるのであれば牛乳らしい見た目が必要ですし、ヨーグルト売り場で売られるのであれば、ヨーグルトらしいトーン＆マナーが必要になるからです。2つのカテゴリーにまたがるような商品の場合でも、必ず最初にどちらを狙うのかを明確にしないと、どっちつかずの中途半端なデザインになってしまいます。

　デザイナーはオリエンテーションを受けた後、もしくは事前にその売り場を見ます。売り場には競合情報はじめ様々な情報があり、何よりもパッケージデザインが勝負する舞台になるわけですから、この棚の中でどのような役を演じさせるのかを考えながらデザインを進めていくことはとても大切です。オリエンテーションの際には、デザイナーに対して対象となる商品が置かれる棚（カテゴリー）の説明をしてもらえればと思います。

　もちろんデザイナーは売り場を見に行くので、棚にどんな商品が並んでいるのかは分かるのですが、逆にいえばそれ以上の情報は分かりません。カテゴリーのプロである商品担当者が棚を見せながらカテゴリーの説明をすると、豊富な情報が伝わります。例えば、どのようなグループで棚ができているのかといった説明も大切です。どのようなサブカテゴリーで区分けされているのかを知れば、つくり手から見た商品群と消費者から見た商品群の両方の情報を得ることができます。

　価格帯はどのようになっているのか。平均的な価格に集まっているのか。サブカテゴリーごとに価格が大きく変わるのか。それぞれのサブカテゴリーを代表する商品はどういったものがあるのか。ロングセラーブランドはどれ

Part 2　パッケージデザインをつくる

で、それぞれがどのような競合状況にあるのか。毎シーズン入れ替わるのは
どのあたりの商品なのか。最近話題の商品は何か。下段に並んでいる商品、
取りやすい位置（**ゴールデンゾーン**）に並んでいる商品、上段の商品の差は
どこにあるか。

　こういった情報を、棚を見ながら説明してもらえると、デザイナーは売り
場を見ただけでは分からないカテゴリーの成り立ちや競合状況、購買意思決
定のプロセスなどを理解できます。

▶▶▶ 棚を見ながらデザイナーと共有すべき情報

- サブカテゴリーの構成
- 価格帯
- サブカテゴリーごとの代表商品
- 競合状況
- 毎シーズンごとに入れ替わる商品群
- 最近話題の商品
- 棚の上段・中段・下段の商品の差

第1章　情報をまとめる

157

11

オリエンテーションの項目 ❾
競合商品と目指すべきポジショニング

競合との戦い方

　競合商品に対して、どう**ポジショニング**すべきかという設定は、パッケージデザイン制作において、大変重要な情報です。具体的には、まず最大の競合とみなしている商品、つまり、ベンチマークする商品は何かということです。また、その商品を含めた競合商品に対して、どういったポジショニングを目指しているのかを明確にします。

　狙うべき**ポジション**を明確にするためによくX軸、Y軸の2軸を用いてポジショニングマップをつくりますが、大切なのは、軸にどのような価値を付けるかということです。軸に付けた名前は自社や消費者がマーケットをどのように見ているかというメッセージになるからです。2軸でポジショニングマップをつくるという方法以外にも、競合のイメージやキーワードと自社の商品を対比させる形で、一対のキーワードやビジュアルを複数用意し、互いの違いを明確化していくというやり方もあります。こういった情報を通じて、デザイナーはデザインのイメージが目標とするゴールを考えることができます。ポジショニングマップは、化粧品やビールなど嗜好性が高い商品のオリエンテーションにおいて大変貴重な情報になります。

　競合商品の情報に関しては、商品やブランドの違い以外にも、価格やターゲット、マーケティング戦略などの情報をデザイナーと共有し、敵をよく理解してもらうことが大切です。その上で、差異化するという戦い方もありますし、戦略的に近づけるというやり方もあります。また少し高度な戦い方になりますが、敵の弱点を時間軸で突いていくやり方もあります。ちょうど将棋の対局のように、こう出ると相手はこう出るから、次はこういう出方をして、そうするとこうなる……と先を読みながら戦い方を進めていくのですが、

Part 2　パッケージデザインをつくる

競合のことをよく理解している上級マーケターの戦い方といえそうです。

▶▶▶ 競合とポジショニング

- ポジショニング＝競合との戦い方
- ポジショニングはデザインのゴールになる
- 十分な競合情報をデザイナーと共有
- ポジショニングマップやキーワード表現を用いる

【2軸でつくるポジショニングマップの場合】

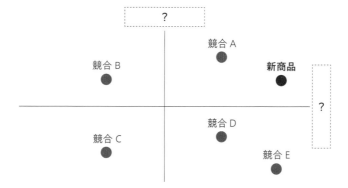

軸にどのような名前をつけるのかが重要

‖

自社が市場をどう見ているのか

第1章　情報をまとめる

12

オリエンテーションの項目 ❿
価格
―――――――――

なぜその価格なのか

　価格はパッケージデザインが表現すべき大切な情報の 1 つです。競合商品よりも少し高い価格を付けるのであれば、やや高い雰囲気のパッケージデザインにしつつ、なぜ高いのかという差異化ポイントを分かりやすく伝達する必要があります。競合商品よりもかなり高い価格設定をするなら、その価格差を納得させるだけの特別な雰囲気を持ったパッケージデザインにする必要がありますし、ベースカラーなども競合商品のデザインとはかなり変え、パッと見た感じで「違うグループ」だということを伝えなければならないでしょう。

　安い商品を高そうに見せてしまうと、自社商品群の中で価格帯とデザインのバランスが取れなくなったり、消費者に期待外れだと思われたりすることがあります。価格感をデザインで正しく伝えていくことは非常に重要なのです。

　オリエンテーションで伝えるべき情報としては、「〇〇円」という価格情報は当然ですが、それ以外にもプロモーションで想定している値引き価格や競合の価格なども含めて、相対的にどれくらいの位置の価格なのかを伝えることが大切です。やや高いのか、とても高いのか、安いのか、競合と同じなのか。そして、その理由や意図を共有してください。良い原材料を使っているのであればそのことをしっかりと伝える必要がありますし、品質が競合と変わらないのに生産技術に優れているために安く提供できるのであれば、あえて競合に似せて同じレベルの商品だと見せることもできます。それで価格が安ければ、こちらの商品を購入してくれるでしょう。

　逆に生産量が少ないから、製造を外注しているから高いといった場合もあ

Part 2　パッケージデザインをつくる

ります。これは消費者にメリットがあるわけではないので、それ以外の差異化ポイントや見せ方を工夫しなければなりません。価格設定は、商品、ブランドの成否を左右するとても大きなマーケティング施策の1つです。価格に込められた意図と背景をデザイナーと共有し、価格のイメージと戦い方の2つの視点を持ちながらデザインを完成させていきましょう。

▶▶▶ **価格設定の考え方**

いくらで売るのか（定価・値引き価格）

それは高いのか安いのか

競合と比べてどうか

なぜ高い（安い）のか

デザイナーにとっての
情報価値

**価格感と合う
デザイン**
へ近づけていく

**価格戦略の意図を
くんだ戦い方**
をデザインに反映していく

第1章　情報をまとめる

161

オリエンテーションの項目 ⓫
デザインイメージ

イメージビジュアルを用意するならきちんと準備する

　デザインを制作するときに、SNSの画像などを**デザインイメージ**や世界観を伝えるビジュアルとして提示する方法があります。ターゲットの生活感が表現されているものや小物、素材のテクスチャー画像などが使われることが多いようです。こういった**イメージビジュアル**をオリエンシートとして用意することはメリットがある半面、デメリットもあります。

　メリットは、デザインが目指す世界観を共有しやすいことです。イメージビジュアルのような情報が多いほどデザイナーは発注者の意図をくみやすくなります。

　デメリットは、表現の幅を狭めることです。「このイメージでデザインしてほしい」ということは、他の可能性を排除することになります。デザイナーは可視化のプロですから、オリエンテーションの際にデザインイメージがなくても、色々な可能性を検討できます。イメージビジュアルを提示することは、デザイナーの自由な発想を制限してしまうことにもなります。やるのであればしっかりと準備をして、方向性を定めた上で慎重にやるべきです。後で結局、別の方向性のデザインも見たいということになるなら、最初からデザイナーに自由に表現してもらったほうがいいと思います。

　デザインイメージに関するビジュアルは、他の資料に比べると楽しく集められるので、ここだけに力を入れてしまうケースがあります。イメージビジュアルを用意するときは、商品コンセプトやターゲットの理解、競合とのポジショニングなど、ここまで紹介してきた項目をしっかり準備した上で手を付けるようにしましょう。商品戦略、マーケティング戦略をしっかりと詰め切れていないのに、イメージ資料だけ用意しても良いデザインはできません。

Part 2　パッケージデザインをつくる

オリエンテーション

▶▶▶ デザインイメージとは

複数のビジュアルで用意したもの

ターゲットの生活感が表現されているものや小物、素材のテクスチャー画像など

デザイナーにとっての
情報価値

発注者のデザインの
ゴールを共有しやすい

半面、デザイナーの
自由な表現を狭めてしまう

第1章　情報をまとめる

オリエンテーションの項目 ⑫
評価基準

最初にデザインの評価基準を決めておく

　オリエンテーション時に、今回のパッケージデザインのどの点をどう評価して、採用していくのかを明確にしておくことを勧めます。これによってクリエイティブチームは、今回のデザインが果たすべき役割について、何が重要なのかという優先順位を理解できるのです。

　これは、クリエイティブチームだけでなく、社内の意思決定プロセスにも明確な指針を与えます。デザインの意思決定は、**評価基準**があいまいなため、誰でも勝手に好きなことを言いがちです。それはそれで議論が盛り上がることもありますし、その中から貴重なアイデアが生まれることもあります。楽しい打ち合わせになることも多いのではないでしょうか。しかし、組織の意思決定プロセスでも同じことが行われると、問題が出てきます。多くの場合、上席の人の意見が反映されがちです。とはいえ、上席の人が商品のターゲット層であるケースは極端に少ないのが実態です。「ターゲットでもない上席の人が自分のセンスで決めてしまう」といった商品担当者の苦労は多くの企業で聞かれます。

　実際には、長い経験に裏付けられた判断をする上席の人も多いと思いますが、チーム全体が納得する客観的な意思決定プロセスにはなりにくいのです。こういった問題を避けるためにも、デザインをどう評価するかを、オリエンテーションの前に決めて共有しておくことで意思決定の共通軸ができます。p.236 の ABCDE の評価軸を参考にするとよいでしょう。

　また、デザインを社内会議で閲覧する際にも、最初にオリエンシートをベースに、依頼内容と評価点を確認してから打ち合わせをすることを勧めます。デザインが並んだ瞬間、好き勝手な意見をみんなが話し始めてしまうと、収

Part 2　パッケージデザインをつくる

拾がつかなくなったり、上席の人の意見に流されたりしてしまうからです。

オリエンテーション

▶▶▶ 評価基準

事前に評価基準を明確にする3つのメリット

クリエイティブチームにとって	**1**	デザインが果たすべき役割について何が重要なのか理解できる
社内の検討において	**2**	意思決定の共通軸ができる
	3	上席など、個人のセンスだけで判断がなされることを回避できる

評価の ABCDE のどこを重視した評価を行うか（詳しくは p.236 参照）

Ⓐ 目立つか ……………………………………… Attention

Ⓑ らしいか …………………………………………… Basic

Ⓒ コンセプトが伝わっているか ……………… Concept

Ⓓ アイデンティティがあるか ………………… iDentity

Ⓔ 経験価値があるか ……………………… Experience

評価基準の例

今回のパッケージデザインのポイントは
- 店頭で目立つこと
- おいしそうなシズル感が前面に出ていること
- 商品の差別化ポイントである温かさがよく伝わっていること
- 高級感が伝わること

第1章　情報をまとめる

165

Part 2 ● 第2章

つくるにあたって

　いよいよパッケージデザインをつくるという工程に入っていきます。マーケティング戦略を踏まえたゴール設定ができたら、いよいよデザインをつくっていきましょう。

　この章では、著者が20年積み重ねてきた、つくるときの手順や視点、定石を「つくり方」として15の切り口でまとめました。

　次に、パッケージを構成する要素をネーミングから素材までの12に分け、大事な視点を解説しました。

　最後に、デザインをつくる上で守らなければならない代表的な4つの法律を紹介しています。

　どれもパッケージデザインを実際につくっていく上で、また考える上で欠かせない大事な内容です。

パッケージデザインの制作ステップ

パッケージデザインの制作ステップは４段階に分けられる

　ここから実際につくり方を見ていくに当たり、**パッケージデザインの制作ステップ**を整理しておきます。制作ステップは、通常、大きく４つに分けることができ、ステップごとに明確にすべき課題があります。

STEP 1：コンセプトの開発

　ここでは、消費者のニーズや自社の技術、競合商品の分析といった市場全体の把握と、自社の強み、どんなターゲットに向けて、どういう商品を開発していくかを検討します。特に大切なのは、買う人にとってのベネフィットを明確にすることと、カテゴリーの選択です。例えば、アイスとして出すのか、ヨーグルトとして出すのかというポジショニングです。特に新商品の場合、店舗のどのカテゴリーの棚を狙っていくのかは、大変重要な問題です。

STEP 2：オリエンテーション

　オリエンテーションは、アートディレクターやデザイナーに対して、どういったパッケージデザインを目指しているのかを共有する場です。ターゲットや商品のベネフィット、ブランドのストーリーや世界観、ポジショニング、デザインのイメージ、競合商品、価格、売り場などの情報を共有します。

STEP 3：評価と修正

　複数案出来上がったデザイン案を絞り込み、修正をして、完成度を上げていきます。重要なのは、デザインをどういった視点で評価するかです。また、デザイナーとのコミュニケーションも重要になります。しっかりとした修正指示を出せないと、何回もデザインをやり直した挙げ句、デザイナーを変更するということになりかねません。

STEP 4：入稿・印刷・生産

Part 2　パッケージデザインをつくる

出来上がったデザインを実際に印刷・生産していく工程です。完成したデザインは、自社とデザイナーとの間にある共通のイメージにすぎません。そのイメージにできるだけ近い形で、印刷・生産していくことが必要になります。印刷・生産工程に合わせたデータの渡し方や、情報の共有、時にはデザイン案そのものの微修正が必要になります。特に容器デザインの場合には、開発、安全性や生産ラインとの適合性などの確認に時間がかかるため、全工程の中でSTEP 4に当てる時間を多く取っておく必要があります。

▶▶▶ パッケージデザイン制作の4ステップ

STEP 1 　期間　1〜2カ月

テーマ　**コンセプトの開発**

作業　●魅力的なコンセプトの開発
　　　●市場分析と選定
　　　●ターゲットの分析と選定
　　　●価格・売り場の選定
　　　●競争戦略・マーケティングプラン
　　　　の作成
　　　●デザインの課題と目標の設定

STEP 2 　期間　2〜3週間

テーマ　**オリエンテーション**

作業　●デザインテイスト・デザイン開発
　　　　目標の設定
　　　●デザイナーの選定
　　　●オリエンシートの作成
　　　●スケジューリング・予算の作成
　　　●商品の知識・ブランド知識の共有

STEP 3 　期間　2〜3カ月

テーマ　**評価**

作業　●デザインプレゼンテーション
　　　●調査の計画・実施
　　　●絞り込みと修正方向の作成・指示
　　　●修正プレゼンテーションの指示

テーマ　**修正**

作業　●修正目標の設定
　　　●表現のチェック
　　　　（社内監査、業界基準、法的基準）

テーマ　**調整**

作業　●実現可能性の検証
　　　●生産に向けたコンバーターとの
　　　　やりとり
　　　●社内への説明合意形成
　　　●最終決定

STEP 4 　期間　2週間〜

テーマ　**入稿・印刷・生産**

作業　●入稿
　　　●校正
　　　●イメージを実現するためのやり取り
　　　●印刷・生産

第2章　つくるにあたって

02

今回のゴールは何か

デザインに与えられた課題をきちんと知る

　パッケージデザインをつくる前に大切なことは、デザインに与えられた課題を知ることです。売れるデザイン、愛されるデザインを目指すことは共通のゴールですが、商品が置かれたゴールによってそこに至る道筋が違います。道を間違えるとゴールにたどり着けません。クライアントから与えられた課題ではなく、デザインに与えられた課題ということが大事です。あなたがメーカーのブランドマネージャーであろうがデザイナーであろうが、人に与えられた課題ではなく、デザインに与えられた課題なのです。

　デザインに与えられた課題は、最初にブランドをテーマにした商品群の話なのか、ブランドは大して意識しない商品デザインの話なのかで分かれます。ブランドが起点になっているデザインは、ブランドが消費者に約束すること、そのブランドを人に例えたら、そのブランドの世界観、ブランドが将来広げるであろう未来の商品といったものがテーマになります。ブランドを意識しない商品単品を起点としたデザインであれば、その商品のコンセプトは何か、該当するカテゴリーらしさは何か、競合に対して打ち出すメッセージは何かといったことがテーマになります。ブランド起点なのか、商品起点なのかがはっきりと分かれる場合は少ないかもしれません。ブランド名のようなものがついていてもほとんど知られていない、管理もされていない名だけブランドのようなケースもありますし、商品名がそのまま強いブランドになっているようなケースもありますので、プロジェクトに合わせてどちらが起点なのかを判断することが重要です。

　ブランドが起点の場合も、ブランドだけデザインすることはなく、最終的にはブランド名がつけられた商品をデザインすることになります。またブラ

Part 2　パッケージデザインをつくる

ンドにしても商品にしても、既存のものを進化させていくのか、新たにつくるのかで重要となる課題が変わってきます。この点を最初によく理解しておくと、売れるパッケージ、愛されるパッケージに近づいていきます。

つくり方

▶▶▶ ブランドのデザインと商品のデザインで重要なこと

ブランドを考える上で重要なこと	商品を考える上で重要なこと
●何を約束するブランドか	●消費者にとってのベネフィット
●人に例えたらどんな人か	●消費者に伝えるべきコンセプト
●どんな世界観を持つブランドか	●該当するカテゴリーのらしさ
●将来どんな商品に拡大していきたいか	●商品名とキャッチコピー
●競合商品との違い	●売り場での視認性
●未来に広げたい商品やカテゴリー	●競合商品との違い

▶▶▶ パッケージデザインの目的別の重要課題

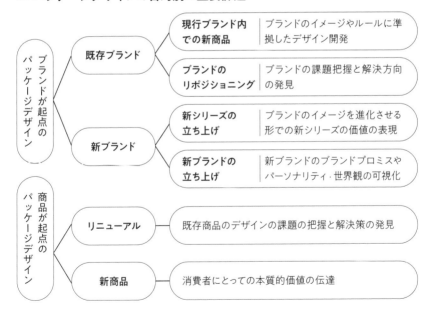

第2章　つくるにあたって

訴求すべきことは何か

その商品の本質的価値は何か

　パッケージデザインの起点がブランドであれ商品であれ、最終的に共通する課題は、その商品が「**訴求すべきことは何か**」ということです。パッケージデザインは、伝えるべきことが絞られていればいるほどゴールが明確になり、完成度が高まります。パッケージデザインは極めて限られた面積の中で表現をしなければならないという宿命を持っています。そのため、デザインを通じて伝えることができるメッセージは最大3つです。

　メッセージというと、ネーミングやキャッチコピーのことを想像しがちですが、ここでいう「訴求すべきこと」は言葉に限定されたものではありません。形や色、写真やイラスト、ロゴやタイポグラフィーなど、パッケージデザインに含まれるすべての要素が対象になります。

　「訴求すべきこと」とは商品の本質的な価値のことです。その商品に関わる様々な情報の中から、消費者にとって本当に価値あること、伝えるべきこと、表現すべきことは何かを絞り込んでいきます。優秀なデザイナーはこの「伝えるべきこと」を発見するのが得意です。

　日本を代表するデザイナーの1人は「デザインとは本質を可視化すること」といっていました。

　この訴求の内容には、機能的な側面と情緒的な側面の両方が存在します。機能的な側面は、この商品の利便性をはじめとする機能的なベネフィットのことです。言語化することが可能で、イラストや写真と一緒になって機能的な側面を訴求していきます。一方で、情緒的側面とは感覚や物語に訴えるようなメッセージです。ブランドの世界やイメージを形や色、写真などを通じて表現していきます。パッケージデザインが訴求する世界は、この機能と情

Part 2　パッケージデザインをつくる

緒という2つの商品価値が体現されていくことに他なりません。どこからどこまでが機能的訴求でどこからどこまでが情緒的訴求なのかという明確な線引きは難しく、実際は機能も情緒も織り交ぜながらデザインがなされ、購入を検討する人に可視化された商品の本質的価値が伝わっていきます。この訴求点を発見し、表現していくという過程はパッケージデザインをつくるという行為そのものです。対象となる商品を丁寧に見て、問い続けていくことで、「訴求すべきこと」は何かを発見していきましょう。

▶▶▶ パッケージデザインにおける訴求のフレーム

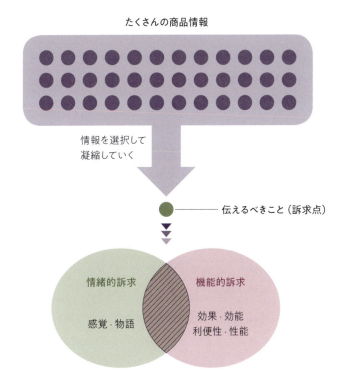

04

表現の方向性を考える

─What × How─ 何をどう伝えるか

　訴求点が決まったら、あとは表現の計画に入っていきます。表現のアイデアを整理するのに便利なのが「─**What × How**─何をどう伝えるか」というフレームです。デザインをつくる設計図は、何をどう伝えるかの設計図に他なりません。

　What、つまり「何を」というのは訴求点になります。その商品が伝えたいこと、何を伝えたいかです。訴求点が1つに絞れればいいのですが、場合によっては2つで迷っている、3つで迷っているということがあると思います。その場合も1つに絞ることなくいくつかを残したまま、デザインにしてみて考えるという方法も有効です。

　一方、How、つまり「どのように」というのは、その名の通り伝えたいことをどのように表現するかのアイデアです。

　例えば、シチリア島のオリーブオイルのパッケージデザインを考えているとします。「シチリア島のオリーブオイルはフルーティーで青草のようなフレッシュな香りがします。野菜料理や魚介料理に最適なオリーブオイルです。」という宣伝文句をもとに、このパッケージデザインを作成するとき、「何を」（What）は、①シチリア島産であること、②フルーティーでフレッシュであること、③魚介類に最適であることの3つです。

　「どのように」（How）は、①であればシチリア島の写真を使う方法もありますし、シチリア島産と大きくネーミングのように表記する方法もあるかもしれません。②「フルーティーでフレッシュ」を伝えるのであれば、オリーブのみずみずしい絵をつかってもいいですし、シチリア島の豊富なフルーツをアートのように配置する方法もあります。③の「魚介類に最適である」こ

Part 2　パッケージデザインをつくる

174

とを伝えるのであれば、魚料理の写真を入れてもいいですし、魚そのものをアイコンのように入れてもいいかもしれません。

このように、What × How の設計図をまとめておくと、どのようなデザインをつくっていくのかの整理ができます。1つ注意点は、デザイナーのリソースは限られているという事実です。多すぎるとデザインできません。上手にやりたいことを絞ってこの設計図をつくってみてください。訴求点が1つに絞られていれば、表現の幅広さを見ることができますし、訴求点を悩んでいれば表現の幅は限定的になります。ファーストプレゼンで作成できるデザインが9案だとしたら What（3）× How（3）で行くのか、What（1）× How（9）で行くのかで出てくるデザインは異なります。このバランスも重要です。

▶▶▶ What（何を）× How（どう伝えるか）の設計図

例：シチリア島のオリーブオイル

「このシチリア島のオリーブオイルはフルーティで青草のようなフレッシュな香りがします。野菜料理や魚介料理に最適なオリーブオイルです。」

	What(何を)	How（どのように）
方向①	シチリア島産であること	❶ シチリア島の写真を使う ❷ シチリア島産と大きく商品名のように表記する
方向②	フルーティで フレッシュであること	❶ オリーブのみずみずしい絵 ❷ シチリア島の豊富なフルーツをアートのように配置する
方向③	魚介類に最適であること	❶ 魚料理の写真を入れる ❷ 魚のアイコンを大きく入れる

第2章　つくるにあたって

05

リニューアルの目標設定

ポジションを変える必要があるかないか

　パッケージデザインは、ブランドのポジションを新鮮に維持するために、定期的に、少しずつ**リニューアル**することが基本となります。しかしながら、売り上げが大きく下がってきたり、新規の消費者を獲得したりする場合には、ブランドの提供価値やターゲットなども見直すことになるでしょう。その場合にはリスクを伴いますが、大幅なデザインリニューアルが必要になってきます。

　最もシンプルな考え方は、ポジションを変える必要があるかどうかということです。ポジションを変えるということは、提供価値を見直すということです。例えば、強大な競合が出てきてしまい、今のポジションでは勝ち目がないような場合には、ポジションを競合に譲って、自分は新しいポジションで新しい価値を提供するという選択です。ロングセラーブランドの中にはこういった戦略をとることで厳しい生存競争に勝ち残っているブランドも数多く存在します。

　ポジションを変えるのではなく、現在のポジションを維持するためのリニューアルもあります。企業側がポジションを変えなくても、新しい商品が出たり、デザインが古くなったりして、消費者から見ると日々刻々とポジションは変わっているからです。そのため定期的にポジションを調整する必要があるのです。この場合はデザインの鮮度維持が目的になるので、大きなデザイン変更は必要なく、今までの消費者に変化を感じさせない範囲の変更を繰り返しながらリスクを抑えます。大切なのは古くなる前に変更するということです。

Part 2　パッケージデザインをつくる

▶▶▶ リニューアルの目的の決め方

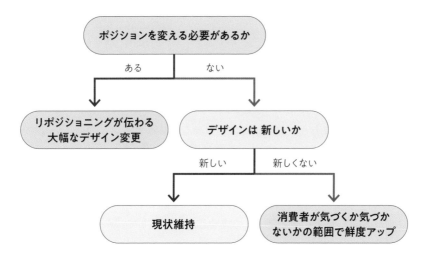

06

大きく変えるべきか、小さく変えるべきか

50 年変わっていないデザインもある

　パッケージデザインの中には、発売以来50年近くも変わっていないのに、業界でトップランクのシェアを獲得しているものがあります。一方、大きなデザイン変更を行った結果、成功したものもあります。

　パッケージをほぼ変更せずに、高いシェアとロイヤリティーを維持しているパッケージデザインには、「カップヌードル」や「カロリーメイト」、「正露丸」などがあります。その多くは市場創造ののち、激しい競争を勝ち抜いて市場を独占しており、結果的にオンリーワンのデザインになっています。

　こういった場合には、パッケージデザインを頻繁にリニューアルする必要はありません。ただし、パッケージ以外でのブランド活性化策は必要です。「カップヌードル」は毎年多くの新商品を発売しています。

　一方、大きくデザインを変更して成功したものとして、「キャラメルコーン」や「生茶」などがあります。こういうケースでは、企業再生や M&A など関係者への意思表示が必要なタイミングや、シェアが落ちたことに対する抜本的な対策として大幅なリニューアルが行われています。ただし、大幅なリニューアルは短期的に大きなリスクを伴います。

　この2つの間にあるのが、定期的に少しずつデザインをリニューアルして鮮度を保つというパターンです。1回のリニューアルでは変更に気づかない程度のリニューアルですが、長い期間で見ると時代に合わせてしっかりとデザインを進化させています。このパターンのリニューアルが最も多く、消費者が離れていくリスクも少ないと考えられています。

　どのような場合に大きく変えるべきか、もしくは変えなくてもいいかは、競争環境によって変わります。長期的にデザインリニューアルをしなかった

Part 2　パッケージデザインをつくる

結果、じりじりとシェアが奪われていき、気づいたら多少のデザイン変更では回復できない状態に陥るのは避けたいところです。合理的な理由がない限り、基本的には定期的に、少しずつリニューアルしていくことを勧めます。

▶▶▶ リニューアルの変え幅の例

変え幅が極めて小さい

カップヌードル　カロリーメイト

競争環境
- 勝ち抜いて市場を独占している
- オンリーワンのオリジナルデザインとして定着している
- 競合が追い付けない優位性を保持している（特許・生産設備など）

ただし、定点的な調査とパッケージリニューアル以外でのブランドの活性化策必要（カップヌードルの多くの新商品）

変え幅が極めて大きい

キャラメルコーン

競争環境
- 関係者への意思表示が必要な場合（企業再生やM＆A）
- リポジショニングが必要な場合

少しずつ変えながら時代に合わせて進化させていく

1988年　2000年　2023年
明治ブルガリアヨーグルト

競争環境
- ポジショニングを維持し、鮮度を高め、ブランドを強化したい場合

丁度可知差異

目標に向かってコツコツ努力する

　心理学に**丁度可知差異**という考え方があります。これは「刺激の識別が可能な最小値のこと」と定義されていますが、言い換えれば、「分かるか分からないかくらいの違い」といえます。前項目で触れたロングセラーブランドのパッケージデザインに見られる「定期的に少しずつ変えていく」というパターンでは、この丁度可知差異が採用されています。アサヒビールの「アサヒスーパードライ」や日清食品の「チキンラーメン」、明治の「明治ブルガリアヨーグルト」などは、長い間、少しずつデザインを変更することで、新鮮なブランドとしてそのポジションを維持しています。一度のデザインリニューアルでは、デザインが変わったか変わらなかったか分からない程度、まさに丁度可知差異の範囲でのデザイン変更ですが、10年前、20年前のデザインと比べて見ると、明らかにその時代に合った形に進化していることが分かります。

　丁度可知差異の範囲でのリニューアルは既存の消費者を失うことなく、デザイン資産を構築していくために有効な手段ですが、大切なことは「長期的なゴール」をチームで共有していることです。「明治ブルガリアヨーグルト」は発売以来変わらない提供価値（自然の中から見い出された乳酸菌由来の健康効果とおいしさ）を貫いています。「長く愛してほしい」という思いからデザイン上のアイデンティティ（ロゴ、色、グラデーション）も変えることなく継承し続けています。発売して50年近くたち、多くの競合商品が登場する中でも古びず、埋没することなく、消費者に選び続けてもらうために、商品の中身とパッケージデザインの両方を常に磨き続け、デザインのアイデンティティを変えずにその印象をより強めることを実現しています。明治で

Part 2　パッケージデザインをつくる

は「より象徴的に進化させ続ける」ことを目標にしています。

　こういった高い目標を、チームで共有することは、とても大切です。「分かるか分からないかのレベルで少しずつ変える」こと自体は手段です。目標が共有されないまま少しずつ変えたデザインを大量につくり、リニューアルを繰り返していくと、最終的には目標が分からなくなり、少しずつ変えるという作業自体が目的化してしまいます。

> つくり方

▶▶▶ **丁度可知差異によるリニューアルの例**

明治ブルガリアヨーグルトのデザイン進化

第1期　1971〜1990年
発売当初のデザインから使用されている、青と白のブランドカラーを踏襲している時代

　1971年　　　1973年　　　1987年　　　1988年　　　1990年

第2期　1991〜2009年
「爽やかさ」の強化としてグラデーションを導入

　1991年　　　1995年　　　2000年　　　2003年　　　2009年

第3期　2010年〜
ブランドアイデンティティ強化のため、サークルの印象を強化

　2010年　　2012年　　2014年　　2018年　　2020年　　2023年

第2章　つくるにあたって

08

鮮度維持のタイミング

古くなる前に

「デザインのリニューアルをしなかったらどうなりますか」「デザインを変える必要があるのでしょうか」——こういった質問を受けることがあります。アンディ・ウォーホルが描いた「キャンベル」のスープ缶やレイモンド・ローウィの「ピース」、サルバドール・ダリがロゴをデザインした「チュッパチャプス」など、今見ても時代を超えて素晴らしいと思えるデザインが存在します。こういった一部の芸術作品とも呼べる歴史的なパッケージとは別に、やはり日々の競争の中に置かれているパッケージデザインは、鮮度を維持することが大切です。

では、鮮度とは何でしょうか。消費者から見て、新しい、改善を続けている商品だと感じてもらうことでしょう。企業には競争原理が働いていますから、同じことを続けていると、売り上げは下がっていきます。常に商品を改善し、消費者により良い生活を提供するのが企業の使命です。その改善している姿勢をパッケージを通じて伝えていく必要があるのです。

では、いつデザインを変更すればいいのでしょうか。発売してすぐにデザインを変更する必要はないにしても、どれくらいたったら変更すべきでしょうか。

大切なのは、古くなってからでは遅いということです。八百屋で傷んでいる野菜が売られていたらアウトですよね。古いものを出すイメージが一度付いてしまった八百屋には、誰も行きません。同じように、古くなってからリニューアルしても、なんとか普通に戻すのが精一杯です。それ以上やろうとすると変え過ぎることになるので、リスクを伴います。鮮度があるというのは平均よりも新しいというイメージですから、普通くらいになる前に新しく

Part 2 パッケージデザインをつくる

して、ポジションをキープすることが大切です。

　そうは言っても、既に古くなってしまっている場合は、リニューアルを2段階、3段階に分けて通常よりも短いサイクルで段階的に鮮度を高めていきましょう。そうすれば、一気に新しくしてしまい、消費者が離れてしまうリスクを回避できます。

　リニューアルの期間で参考になるのは、競合のリニューアル頻度でしょう。カテゴリーによっても変わりますが、ビールなどは頻繁にリニューアルをして鮮度をアピールしています。たとえ新商品でも、発売時には次のリニューアルが検討されているケースがよくあります。

▶▶▶ リニューアルのタイミング

古くなってからのリニューアル

新しい

普　通

古　い

古くなってからだと1回の
リニューアルでは普通に
戻すのが精一杯

普通からのリニューアル

理想的には普通と新しいの間に
いつもいる状態

メタファーの活用

見立てることでブランドの世界観を共有

メタファーとは、直訳すると「隠喩」であり、デザインにおいては元となる物体に見立てる形で表現することです。パッケージデザインではこのメタファーを使うことで、デザイン表現のゴールを開発メンバーやデザイナーと共有することができます。メタファーの使い方には、キーワードだけを使う場合もありますし、ビジュアルを活用して設定することもあります。メタファーの存在は、新商品のデザイン開発にも有効ですが、ブランドを表現するデザインの方向性を指し示す役割を担うことができるため、長期にわたり一貫したメタファーを活用すると、ブランドの世界観を一定に保つことができます。例えばゴディバは「宝石」という方向性を大切にしており、実際にパッケージや店舗などは宝石店に見立ててデザインされています。これが長期にわたってゴディバの世界観を具象化する1つの道しるべとして機能しています。

プロダクトデザインの世界でもメタファーはよく用いられる手法で、iMac G4 のデザインをする際には太陽を向くひまわりをメタファーにしたといわれています。SC ジョンソンのトイレクリーナー「ダック　トイレリキッドクリーナー」は名前の通りアヒルをメタファーにしたデザインが施されています。実際にアヒルの首に当たるくびれがトイレ掃除のときの使いやすさを実現しています。

デザインを制作する際に、その方向性の表現方法として様々な画像やイメージを収集する方法もありますが、メタファーは、ストレートにデザインの造形やイメージのゴールを提示します。メタファー使用時のポイントとしては、デザインチームにとって分かりやすく、共通に理解できるものにする

ことです。また、ブランドのパーソナリティーや世界観との関連性・一貫性も重要です。一度設定したメタファーは、ブランド規定書やデザインマニュアルに盛り込み、デザインリニューアルの際の1つの評価基準として活用することで、長期的に一貫したデザインを実現することができます。

▶▶▶ **パッケージデザイン制作におけるメタファーの活用**

メタファーの効用

メタファーはデザインの方向を明確にし、1つのデザインの目標となり、長期にわたってブランドとデザインに一貫性をもたらす

メタファーのポイント

分かりやすく、ブランドとの一貫性があること

「太陽を向くひまわり」に見立てる
アップル　iMac

「宝石」に見立てる
ゴディバ

「アヒル」に見立てる
SC ジョンソン　トイレクリーナー

第2章　つくるにあたって

メッセージの設定

商品の訴求ポイントを時代に合わせて変える

　パッケージデザインを制作する際には、**メッセージ**を設定します。商品のベネフィットを分かりやすく短時間で伝えるのがメッセージです。ロングセラー商品の場合は、基本ベネフィットが浸透したからこそ、多くの人に受け入れられ、ロングセラーになったのだといえます。

　このロングセラー商品を常に輝かせ続けるためには、商品の訴求ポイントを時代や競合商品とのポジショニングから検証し、継続的に再定義していく必要があります。時代に合わせて、それまで消費者に伝えていなかった価値を表に出していくことで、ロングセラー商品が輝き続けられることもよくあります。例えば、健康のために糖分や塩分を気にする人が多くなってくれば、糖分や塩分の少なさを伝える。原材料の安全性にこだわる人が増えているならば、原材料の安全性をしっかりと伝える。環境問題が重視される時代であれば、いかに環境に負荷の小さい商品であるかを伝える。このように商品の訴求ポイントを時代に合わせて設定していくことが重要です。1964 年に発売されたカルビーの「かっぱえびせん」は「天然えびが丸ごと」と自然原料のおいしさ感を第一に伝えていますが、2004 年のリニューアルでは健康志向を受けて、「ノンフライ」の表示を大きくしています。2006 年からは「カルシウム」の文字を大きく表記し、2012 年からは「まるごと」の文字表記を大きくしています。

　1962 年の発売以来、定期的にデザインリニューアルをしながらロングセラーブランドとして輝いている東海漬物の「きゅうりのキューちゃん」では、2001 年のリニューアルの際には減塩を強調した「さらにうす塩味」というメッセージを採用し、2007 年のリニューアルの際に「ごはんにあうおいし

Part 2　パッケージデザインをつくる

い野菜」というメッセージをパッケージに採用しています。健康的に野菜を取りたいというヘルシー志向に応えたものと考えられます。確かにきゅうりは野菜ですが、あえて**訴求ポイント**として言葉にすることで、「そうか、野菜なんだ」と商品の価値を再発見させることができます。2024年現在では、「醤油の旨さとパリッと食感！」というおいしさ表現を採用しています。このように時代に合う商品の訴求ポイントを設定することが重要です。

▶▶▶ ロングセラー商品のメッセージの変化

かっぱえびせんの
メッセージの変化

1999〜2001年	**天然のえびが丸ごと**
2002〜2006年	**ノンフライ**
2006〜2011年	**カルシウム**
2012年〜	**天然のえびが　まるごと**

明治ブルガリアヨーグルトの
メッセージの変化

1991年	**From Bulgaria**
1993年	**生乳仕立て**
1996年	**からだイキイキ**
2000年	**ヨーグルトの正統**（以降、継続）
2001年	**ヨーグルトの本場から**
2008年	**さわやかな味わい**
2012年	**こく味アップ**
2014年	**まろやかさアップ**
2023年	**くちどけ芳醇発酵**

第2章　つくるにあたって

デザインアイデンティティの特定と強化

変えてはいけない部分はどこかを特定する

　強いパッケージデザインには、パッと見たときに記憶に残っている要素があります。これを**デザインアイデンティティ**といい、その商品を最も想起させるパッケージデザイン上の要素です。色やロゴ、イラスト、形などがそれに当たり、ブランドと結びついて、消費者の記憶のフックになるとても大切な資産です。こういったアイデンティティをつくっていくためには、丁寧にデザインをマネジメントしていく必要があります。最初に大切なのは、何が自社のアイデンティティなのかを把握していることです。デザインリニューアルでは何を変えていいのか、何を変えてはいけないのかというガイドラインをつくってからデザイン制作に取りかかりましょう。

　ただ、アイデンティティも、何があっても変えてはいけないというわけではありません。その時代に合うように、アイデンティティそのものに手を加え、微調整する必要に迫られることもあります。制作プロセスとしては、実際に色やロゴ、イラストなどを変更し、デザインを何パターンもつくりながら、デザイナーと一緒にアイデンティティを確認していくというやり方が効果的です。

　その他に、消費者調査を活用して、アイデンティティを突き詰めていく方法もあります。これにより、「これをアイデンティティとして残していきたい」というつくり手の思いと、現在の消費者が何をアイデンティティとして認めてくれているのかという両面から、検討することができます。

　「キユーピー マヨネーズ」の赤の格子や永谷園の「お茶づけ海苔」のストライプ、「サントリーオールド」の瓶の形、「ポカリスエット」のブルーなど、ロングセラーのデザインには強いアイデンティティが存在します。デザイン

Part 2　パッケージデザインをつくる

リニューアルの際にはこのアイデンティティがより強くなるようにしていくのが定石です。アイデンティティを強くすることで、デザインは余計な情報を減らすことができます。アイデンティティの存在が、そのブランドを簡単に想起させるような1つの記号になることが目標です。

つくり方

▶▶▶ 強いアイデンティティの例

その商品もしくはブランドを最も想起させる、パッケージデザイン上の要素

アイデンティティの特定と強化

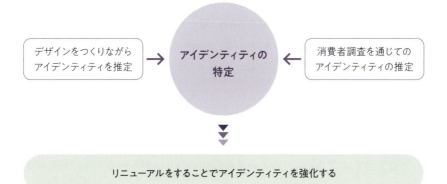

第2章　つくるにあたって

12

アフォーダンス

ある行動を自然に起こさせるデザインからのメッセージ

アフォーダンスという言葉は、アメリカの知覚心理学者ジェームス・J・ギブソンによる造語で、「与える」という意味の「afford」からつくられました。その後1988年、ドン・ノーマンがデザイン研究の中で紹介し、広く知られるようになりました。私なりにこのアフォーダンスを説明すると、「ある行動を自然に起こさせるデザインからのメッセージ」といえます。例えば椅子があったとき、人は何も疑問を持たずに、自然に座ります。ドアノブがあったときに、人は自然にそのドアノブを握り、回します。このようにデザインには人にある行動を自然に起こさせるメッセージが含まれています。これによって人々は、毎回説明書を読んだり、使い方を質問したりしなくても、簡単に使うことができるのです。

パッケージデザインに置き換えれば、使う人が意識することなく商品を便利に、安全に使うことができるということです。そのようにデザインをすることが大切ですし、既存のパッケージデザインに盛り込まれたアフォーダンスのルールをうまく活用することがポイントです。

実際、パッケージデザインには、人々が意識せずに自然に行うように仕向けられているデザインメッセージがたくさんあります。例えば、人々は商品の中身を出すには上部に付いている突起物に触り、引っ張るか左に回せば開くと信じていますし、実際ほとんどのパッケージデザインがそうなっています。他にも「手に取る」「ふたを閉じる」「ラベルをはがす」「薬を押し出す」など、アフォーダンスが「ある行動を自然に起こさせるデザインからのメッセージ」とすれば、パッケージデザインにはアフォーダンスがたくさん存在しています。このアフォーダンスを無視して、全く新しい使い方を教えよう

Part 2　パッケージデザインをつくる

とすると、よほどの利便性がない限り「使い勝手が悪い商品」になってしまうので、注意が必要です。

▶▶▶ パッケージデザインとアフォーダンス

パッケージデザインにはある行動を自然に起こさせるデザインからのメッセージ（アフォーダンス）が多く存在している

13

黄金比率

見る人に安定した美感を与える比率

黄金比率とは、人々が安定した美感を感じる比率だといわれています。具体的には、1：1.1618という比率で、パルテノン神殿やピラミッドといった歴史的建造物や美術品にも見ることができます。ひまわりやバラ、松ぼっくり、オウム貝など自然界にあるものの中にも、この黄金比率になっているものが数多く存在します。身近なものでは、名刺、トランプ、タバコの箱、カメラなどがこの黄金比率に近い形です。美容外科でも目、鼻、口などの美しさとして黄金比率が参考にされています。

そもそもこの黄金比率とは、1つの線を2つに分けて、「小さく分けた辺と元々の線の長さでできる長方形の面積」と「大きく分けたほうの辺でつくられた正方形の面積」を同じにするには何対何で分ければいいか？という問いの答え（1：1.1618）です。この線分の小さいほうで4分の1の円を描き続けていくと、ちょうどオウム貝と同じ対数螺旋になります。しかし、なぜこれが美しいといわれるのか、明確な証明はありません。

この比率で360度を分けたとき、狭い方の角度を「黄金角」と呼んでいます。拡大していく円を黄金角で区切ることで、重ならない区切りを付けることができます。これは、植物にとっては、太陽の光をそれぞれの葉が最も効果的に浴びることができることを意味しています。実際、円を少しずつ大きくしながら、黄金比で分けていくと、ひまわりやバラの模様になります。アリストテレスが「芸術は自然を模倣する」と言ったように、また、ローマの哲学者セネカが「あらゆる芸術は自然の模倣にすぎない」と言っているように、自然の偉大さに近付きたいという人々の思いと美しさは何らかの関係があるようです。黄金比率は、自然美を数学的に導き出した1つの答えであり、

Part 2　パッケージデザインをつくる

それを日常に取り入れていく過程で、私たちの審美眼が形成されているように思えます。

▶▶▶ 黄金比率の考え方と実例

> 黄金比率＝人々が安定した美感を感じる比率

Aの面積＝Bの面積となるような
$a^2 = b(a+b)$ を解くと

> a:a+b の比率＝ 1：1618 ＝ $(1+\sqrt{5}) \div 2$

黄金比率の例

自然

芸術

デザイン

第2章　つくるにあたって

脳の半球優位性

画像は左に、文字は右に配置する

　脳の認識パターンによるデザイン研究の1つに、**脳の半球優位性**を使った実験があります。脳は右脳と左脳に分けられ、それぞれの役割があり、この役割に沿った形でデザインすることで脳の情報処理がスムースにいくというものです。右脳は本来、画像や空間などの空間構成や、音楽などの音楽感覚を処理します。一方、左脳は言語、論理的な処理、計算処理、時間連鎖的思考をつかさどっています。人の目から入力された情報は、左の視野は脳の右半球へ、右の視野は脳の左半球へと伝達されるというクロス構造になっています。したがって、右目から入った情報は論理的思考をつかさどる左脳へ伝達されます。左目から入った情報は、画像・空間処理をつかさどる右脳へ伝達されます。

　店頭において一瞬で判断されるパッケージデザインの世界では、瞬時に情報処理しやすい形で情報をまとめておくことは、脳に負担をかけることなく商品理解を促進することになります。そのため、イラストや写真などの画像情報は左に、商品特徴やキャッチコピーなど言語情報は右に配置したほうが消費者に理解・選好しやすいと考えられます。早稲田大学の石井裕明氏、恩蔵直人氏、寺尾裕美氏は2007年に(株)プラグと共同で架空のチョコレートのパッケージデザインをつくり、画像と文字をそれぞれ右側と左側に配置を入れ替えて、どちらが選好されるかという実験を行いました。その結果、チョコレートのパッケージデザインでは一定の検証成果を上げています。

　ただし、カレーのパッケージを用いた同様の実験では、印象の好ましさが確認できたのは自らカレーを購入する消費者だけという結果もあり、カテゴリー特性などの考慮も必要なようです。目立つパッケージデザインをつくる

ために、あえてこのルールを外すという方法もあるかもしれませんが、実際に多くのパッケージデザインが左に画像、右に文字情報を配置しているため、消費者の慣れという点でも有効性を感じます。

▶▶▶ 脳の半球優位性を用いたパッケージデザイン実験

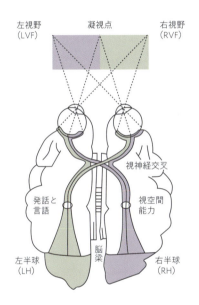

半球優位性を考慮した配置

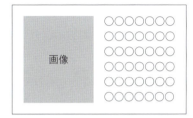

⬤ より情報処理がなされやすい

半球優位性を考慮していない配置

✕ 情報処理がなされにくい

情報処理のしやすさ

商品開発・管理学会第8回全国大会 研究発表資料
「パッケージ制作における消費者情報処理理論の応用性について」
早稲田大学大学院商学研究科 石井裕明／早稲田大学大学院商学学術院 恩藏直人／早稲田大学大学院商学研究科 寺尾裕美

対称と非対称

対称的なデザインは、バランス、調和、安定を伝える

　対称的なデザインは古くから美しいと認識されるデザインのパターンです。花、昆虫、動物といった自然物の多くが**対称**にできています。人間の顔や体も対称です。対称的なデザインからは、バランス、調和、安定、安心、権威といったイメージが伝わります。寺院や教会、神殿などには古くからこの対称的なデザインが使われています。

　対称には「鏡映（ミラーライン）」「回転」「平行移動」といった3つのタイプがあります。「鏡映」は言葉の通り、鏡を挟んでコピーした状態です。一般的な対称のイメージはこのパターンであり、チョウなどが例として挙げられます。「回転」は1つの図形を回転させてコピーした状態、「平行移動」はそのまま平行に移動させてコピーした状態をいいます。

　対称は、一般的な模様よりも目にとまり、覚えやすいという点でもデザイン的に優れています。逆に**非対称**は軽さや動き、新しさなどを伝えます。パッケージデザインへは、そのカテゴリーやブランドがどういったイメージを表現したいかということにより応用できます。

　早稲田大学マーケティング・コミュニケーション研究所とNTTレゾナントは、20代から60代までの男女1093人に缶ビールのパッケージデザインについてのアンケートを実施しました（2008年9月）。調査用に用意した缶ビールのパッケージデザインは、左右対象のものと、左右非対称のもの、その中間の3タイプです。ネーミングによる影響を避けるため、4タイプのネーミングを用意しました。その結果、対称なパッケージデザインは「典型的」と感じられる傾向があり、20代において、非対称なパッケージデザインを「目新しい」と感じる傾向が強く出ました。

Part 2　パッケージデザインをつくる

▶▶▶ 対称のタイプと印象

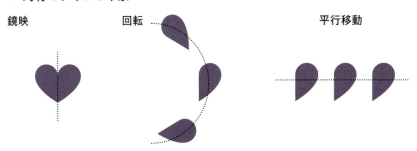

対称には、調和・バランス・安定・安心・権威といったイメージがある

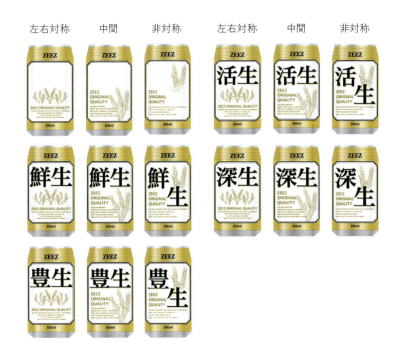

左右対称なパッケージデザインは典型的
左右非対称なパッケージデザインは目新しい

早稲田大学マーケティング・コミュニケーション研究所とNTTレゾナント
「缶ビールと日本酒のパッケージデザインに関する調査結果」

つくり方

第2章　つくるにあたって

ネーミングの開発ステップ

数を出す、魂を込める、トレンドを見る

　ネーミングの開発で大切なことは、伝えたい商品の特徴と目指すべきポジションを明確にし、ひたすらそれに合った案を数多く出すことです。数百の中から絞り込みながらネーミングを決めていくことも少なくありません。ネーミングはコピーライターやネーミングに特化したサービス会社、ブランディングのコンサルタント会社等に依頼する、もしくは社内のスタッフがつくっていくというケースが多いようです。また、最近は AI を活用した案出しも広がっています。

　まずは、漢字、ひらがな、カタカナ、英語、それらの組み合わせなどの表記の中で、イメージに合わないものを排除していきます。一般的にネーミングは覚えやすく、短く、意味が伝わりやすいものがいいという考え方がありますが、長いネーミングでも成功しているものもあります。大切なのは、様々な角度からネーミングを考え、実際に出力し、声に出した感じ、形や雰囲気が、狙っているイメージポジションを表現しているかを検証することです。

　そして、ネーミングに魂を込めることです。CM は広告会社が、パッケージはデザイナーがつくります。しかしネーミングだけは商品担当者が自分でつくることができるのです。数多くの案を出していくうちに、このネーミングでなければ駄目だという確信に近いものが見えてくるはずです。

　ネーミングにもカテゴリーによってトーン＆マナーがあります。既存のネーミングの中でどういうポジションを目指すのか、もしくは新しいトーン＆マナーで行くのかといったポジショニングのイメージが重要です。トーン＆マナーは時代によって変わっていきます。トレンドを念頭に置きながら新商品のポジショニングとネーミングを合わせていきましょう。例えば、ビー

Part 2　パッケージデザインをつくる

ルであれば、以前は漢字2文字や英単語2つのものがビールらしいネーミングの代表例でしたが、ここ数年はクラフトビールの影響で、物語を感じさせる自由なネーミングが登場し、それがクラフトビールの世界観をつくってきました。このようにネーミングのトレンドを踏まえることは大変意味があります。その上で、商標が取られていないか、グローバルに使ったときに発音から不適切な意味が発生しないか、といった点を検証していきます。

構成要素

▶▶▶ ネーミング開発のステップ

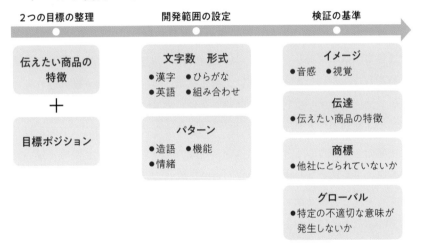

▶▶▶ ビールネーミングのトレンドの変化

第2章　つくるにあたって

ネーミングと感性

ネーミングには意味を超えた感性が存在する

　ネーミングを考える場合、商品の特徴をどれだけ伝えることができるか、もしくはブランド要素として記憶されやすいか、色々なカテゴリーに汎用できるかといった視点が重要です。しかし、こういったマーケティングの観点とは別に、語感が持つ印象という要素があります。

　感性リサーチ代表の黒川伊保子氏の著書『名前力』（イーステージ出版）や『日本語はなぜ美しいのか』（集英社新書）において、「名前の発音」は漢字やそれ自体が持つ意味とは別に、潜在意識へ作用することが紹介されています。例えば「タケシ」という名前を発音してみてください。「タ・ケ・シ」の、舌の破裂音「タ」、喉の破裂音「ケ」、前歯を強く擦る音「シ」の舌打ちと威嚇の音韻がつづく３つの組み合わせは、周囲を緊張させ、喧嘩っ早い元気な男の子を感じさせます。発音した際に感じる身体感覚は、漢字を見て判断するよりも、早く深く意識に届き、また頻度としても漢字を見るよりも名前を呼ぶことのほうが多いので、それぞれの名前の持つ発音体感は潜在意識に作用するのです。

　また、年齢によっては、気持ちよく感じる語感が異なります。例えば、赤ちゃんが発音できる言葉はＢ、Ｍ、Ｐなどの子音を含む言葉です。従って、子供向けのブランドネームはＢやＭやＰを含む名前を多く使ったものが多いようです。「バーバパパ」「ポッキー」「マミーポコ」などです。逆に思春期の男の子は攻撃的になってくるので、ＧやＺといった子音を含む言葉を好むようになります。黒川氏の分析では、ガンダムに出てくるロボットのほとんどに、思春期の男の子が好む子音が含まれているということでした。

　こういった感性の考え方は、「ターゲットとネーミングに潜在的な好意が

Part 2　パッケージデザインをつくる

形成されているか」「ブランドのパーソナリティーを感性的に表現しているのか」「ネーミングとキャッチコピーとの親和性はあるか」といった評価に活用できます。

構成要素

▶▶▶ ネーミングの感性評価と応用

ネーミングにおける感性的視点

ネーミングの持つ意味とは別に、発音体感によって潜在的に感じるイメージ

感性ネーミングを評価に活用

ターゲットとネーミングに潜在的な好意イメージが形成されているか
ブランドのパーソナリティーを感性的に表現しているか
ネーミングとキャッチコピーに親和性はあるか

ネーミング検討の3つの視点

コンセプト伝達	感性評価	ブランド視点
●商品のベネフィットや情緒的価値を体現しているか	●音感から感じるイメージのふさわしさの評価	●記憶可能性 ●防御可能性 ●意味性 ●適合可能性 ●移転可能性

第2章 つくるにあたって

201

キャッチコピー

手に取ってもらうために最も大事な要素

　パッケージデザインの役割の1つは、商品の魅力を短時間で正確に伝え、初回購入（トライアル）をつくり出すことです。発売当初から大量の広告を投下できる商品は少なく、多くの場合、商品の良さを短時間で伝える短い言葉が消費者の購買行動に大きな影響を与えます。その商品をぱっと見たときに、瞬時に商品の魅力が分かることが大切です。そのときに力を発揮するのが商品の魅力を短く表現する**キャッチコピー**です。

　言うは易し、行うは難しで、このキャッチコピーはつくり手の力量が問われると感じます。キャッチコピーとは商品のコンセプトを消費者に納得してもらうように短く変換したものです。多くのヒット商品の陰には、消費者に分かりやすくコンセプトを伝えるキャッチコピーの存在があります。

　質の高いキャッチコピーをつくるには、歴代の素晴らしいコピーを見て学んでいくしかないのですが、あえていくつかを挙げるとすると、「新しい驚きがあること」「社会の応援があること」「ベネフィットが分かること」「説得ではなく納得があること」といったポイントが大切です。

　例えば、洗剤「アタック」の「わずかスプーン1杯で驚きの白さに」というコピーについて考えてみましょう。1970年から1980年にかけて、洗剤は生活排水として水質汚染の問題と戦っていました。その後、様々な技術革新により進化していきますが、「わずか」という3文字は生活排水による水質汚染の問題を解決したいという社会の雰囲気をしっかりと受け止めた3文字といえます。これにより、新しい驚きやベネフィットが分かりやすく伝わってきます。商品はその時代、社会の応援があって初めてヒットします。キャッチコピーは時代に合ったメッセージを端的に伝えることができる武器なので

Part 2　パッケージデザインをつくる

す。

「熟カレー」の「一晩寝かせたあの旨さ」の名コピーも、思わず納得してしまうおいしさの表現です。商品のつくり手は、商品を買ってもらうために消費者を説得したい気持ちになると思いますが、説得では消費は売れません。買い手に納得してもらえる言葉にできて初めて手に取ってもらえるのです。

下痢止めの薬「ストッパ」のコピーも秀逸です。ストレス性の下痢に悩まされる人は「突発性」という言葉にとても敏感なので、すぐに自分のことだと感じます。「突発性の下痢に」「水なし1錠で効く」、このコピーは、どこで急な下痢に襲われても安心ですよ、とターゲットの気持ちに寄り添っているのです。

構成要素

▶▶▶ キャッチコピー制作の4つのポイント

新しい驚きがあること	社会の応援があること
ベネフィットが分かること	説得ではなく納得があること

歴代の名コピーに学ぶ

花王アタック 「わずかスプーン1杯で驚きの白さに」	1980年代の環境問題への関心を捉え、少量で十分であることを伝えている
江崎グリコ 熟カレー 「一晩寝かせたあの旨さ」	メーカーの説得ではなく、消費者が納得できる表現になっている
ライオン ストッパ 「突発性の下痢に」「水なし一錠で効く」	この症状で悩む人に響く単語、商品設計が短い言葉で伝えられている

第2章　つくるにあたって

色

ブランドカラーと消費者心理

　色はブランドイメージを強化し、消費者の記憶に残る重要な要素です。例えば、単に赤い缶を提示するだけで多くの人が「コカ・コーラ」を連想するように、色とブランドを結びつける**ブランドカラー**を効果的に使用することは非常に価値がある戦略です。

　重要なのは、ブランドの世界観と色が一致していることです。色の持つイメージやメッセージがブランドの個性と合致している必要があります。暖色系は温かみを、黒や銀はシャープなイメージを与えるなど、選ばれた色がブランドのパーソナリティーを反映することが求められます。

　しかし、色にはカテゴリー固有の「らしい色」があり、その点も考慮する必要があります。牛乳は白や青、ビールは金や銀などがそれぞれの**カテゴリーカラー**として認識されています。ブランドはこれらのカテゴリーカラーに従うか、あえて異なるオリジナルカラーで差別化を図るかの選択を迫られます。オリジナルカラーで市場に新風を吹き込むことは大きな差別化となり得ますが、市場に定着させるには時間とコストがかかり、リスクを伴います。

　また、同じ色でも、明るさや濃度といった色の選択と素材や加工方法によって、ブランドの元気な感じや高級感といった異なるイメージを演出することが可能です。ロングセラーブランドでも、微妙な色の変化によって鮮度を保つことができますが、色の最終的な印象は実際に試作してみることでしか確認できないため、色見本やダミーの作成を推奨します。

　一方で、色のイメージは、脳科学的な生理反応、個人の体験や記憶、文化的背景によっても形成されます。例えば、赤はアドレナリンの分泌を促し、興奮や情熱を象徴し、黄色はエンドルフィンの分泌を促し、明るい気持ちを

Part 2　パッケージデザインをつくる

引き出します。しかし、体験や背景は個々で異なり、統一的な理解は難しいため、一般的な色のイメージや研究をそのまま信じて色を採用するのはリスクがあります。

　色はブランドイメージを形成し、消費者の記憶に残る力を持つので、その選択と使用は、総合的な判断に基づいて慎重に行われるべきです。

▶▶▶ **色の選択基準**

- ブランドの目指すイメージ
- カテゴリーカラーと競合カラー
- 消費者心理と文化的背景

▶▶▶ **カテゴリーにはカテゴリーらしいカラーが存在する**

ロングセラーのトップブランドのカラー＝そのカテゴリーのカラーになっていることが多くその色に対して、どう差異化、もしくは同質化していくかが重要になる

カテゴリーカラーに対してどうカラーを位置づけるか

青でもトーンを変えることで印象が変わる　　牛乳らしい色（白・青・緑）　　ブランドカラーを優先

構成要素

第2章　つくるにあたって

写真

工夫していい範囲を決めておく

　写真には、商品の中身を見せる、商品の完成形を伝える、原材料を伝える、産地を伝える、インパクトを伝えるなど、様々な使い方があります。直接中身を見せることができない商品のパッケージでは、中身をおいしそうに見せるために写真を使います。おいしそうに見せる写真には高度な技術が必要になり、ベテランの経験がものをいいます。例えば、ビールの泡だけを撮影用につくる専門の人がいるといった具合に、それぞれの分野で一流の専門家がいます。こういったプロに協力してもらうことが大切です。

　また、写真で伝えたい商品のコンセプトに合わせて、写真の表現の方向性を明確にしておくことが重要です。ボリュームたっぷりに見せたいのか、ジューシーに見せたいのか、もしくは具がたくさん入っているように見せたいのか、ほっかほっかに見せたいのかなど、商品の一番見せたいイメージを撮影スタッフと事前に確認しておくことです。

　パッケージは印刷の素材や方法が多岐にわたるため、出やすい色、出にくい色など表現の限界を知っておくことも重要です。デザイン案ができた段階で、印刷会社の人も交え、撮影前に印刷素材・印刷方法を事前にスタッフで確認しておくことを勧めます。

　撮影やその後の画像修整では、「よく見せるための工夫の範囲」も決めておくといいでしょう。写真は、対象になる商品や人物に手を加え、画像修整することで、大きく印象を変えることができます。例えば、写真をきれいに見せるための修整は、どこまでがコンプライアンス上認められるのかといった範囲を明確にしておく必要があります。写真を使うときに重要なのは、どう見せたいかということと、「よく見せるための工夫」を自社はどこまで許

Part 2　パッケージデザインをつくる

容するかを事前に明確にしておくことです。

構成要素

▶▶▶ 撮影に入る前の3つのポイント

① 何をどう見せたいか（一番見せたい部分、伝えたいことは何か）を明確に

② どこまで手を加えて構わないのか

③ 印刷上どこまで表現できるのか

▶▶▶ パッケージで使用する写真の種類

1 商品の中身を見せるもの

2 商品の完成形を伝えるもの

3 原材料を伝えるもの

4 使用シーンを伝えるもの

5 産地を伝えるもの

6 ターゲットイメージを伝えるもの

7 新しいアイコンを登場させるもの

第2章　つくるにあたって

イラスト

写真よりもシズル感が出る場合もある

　写真と同じ目的で、**イラスト**を使うケースがあります。商品の中身を見せる、商品の完成形を伝える、原材料を伝える、原産地を伝える、使用シーンやターゲット層のイメージを伝える、新しいアイコンを登場させるといったパターンが代表的ですが、ビジュアル部分を写真で表現すべきかイラストで表現すべきかは悩みどころです。

　一般的にイラストを利用することのメリットとしては、情緒的な雰囲気を加えやすい、実際にないもの・見えないものを表現できる、費用を抑えやすいといった点が挙げられます。情緒的な雰囲気とは、例えば、大根を原材料として表現したい場合、写真だと大根の土や表面の毛根まで、非常にリアルに表現することができますが、必ずしもそれがおいしそうに見えるわけではありません。イラストで書くことで、おいしそうという印象（**シズル感**）を写真以上に伝えることができます。

　また、実際に見えないものや、その季節に存在しないものなどもイラストであれば表現することができます。体の中に薬効が浸透していく様子などは、写真で表現するには限界があります。イラストであれば見えないものを視覚化し、伝えたい部分をより強調して描くことも可能です。

　著名なイラストレーターのイラスト料は高額な場合もありますが、通常は関わる人の数や機材を比較すると、写真よりイラストのコストのほうが低いことが多いでしょう。こういったメリットを検討した上で、イラストを使うのか写真を使うのかを検討しましょう。

　イラストの中にも、本物そっくりに描くリアルイラストという手法もありますし、写真で撮ったものをあえてイラスト風に加工することもあります。

Part 2　パッケージデザインをつくる

CGを使うことで、より鮮明な表現をすることも可能です。目的に合ったイラストを活用することで、デザインの訴求力は上がります。

構成要素

▶▶▶ イラストの活用方法

イラストの目的

- 商品の中身を見せる
- 商品の完成形を伝える
- 原材料を伝える
- 原産地を伝える

イラストのメリット

1. 情緒的な雰囲気を加えやすい
2. 実際にないもの・見えないものを表現できる
3. 費用を抑えやすい

現実的表現 　　　　　　　　　　　　　　　　　　　　　情緒的表現

- 写真
- 写真のイラスト的加工
- リアルイラスト
- イラスト

第2章　つくるにあたって

22

キャラクター

キャラクターを育てるか、借りてくるか

キャラクターの位置づけはマーケティングコミュニケーション全体の中で考えられるものですが、パッケージとの関係も切り離せません。「育成するのか、借りてくるのか」「キャラクターの存在をメインに商品を売るのか、商品特徴を伝えるためにキャラクターを採用するのか」——この２つの軸に沿ってキャラクター活用の目的を整理すると進めやすいと思います。

ディズニーやサンリオの有名なキャラクターをはじめ、アニメーションで登場するようなキャラクターをパッケージに入れる場合、すぐに店頭で訴求力は上がりますが、売り上げに応じて使用料を払う必要があります。一方、オリジナルキャラクターを育てるのは大変な時間とお金がかかりますが、完成してそれが浸透すると、大きなブランド資産になります。

キャラクターには商品キャラクターとコーポレートキャラクターがあります。不二家のペコちゃんや佐藤製薬のサトちゃんなどは、コーポレートキャラクターです。一方、赤城乳業のガリガリ君や「チョコボール」のキョロちゃん、「コルゲンコーワ」のカエル、チチヤスのチー坊、「激落ちくん」やプリングルズのキャラクターなどは、商品と強く結びついた商品キャラクターであり、消費者の印象に残っています。

キャラクターを活用すると、消費者に伝えなければならない情報が１つ増えるため、注意が必要です。１回のキャンペーンだけでキャラクターが広く知れ渡るケースはまれで、１つのブランドを育てるのと同じように、まず、どういった性格なのか、どんな物語の中で登場するのかといったストーリーをしっかりとつくり、コミュニケーションプランの中での位置づけをはっきりさせ、時代によって変化、成長させるなど長期的に育成していく必要があ

Part 2　パッケージデザインをつくる

ります。そうでないと、なんとなくパッケージに残っていて消費者には何も伝わっていないキャラクターになってしまいます。

構成要素

▶▶▶ キャラクター活用目的の4パターン

商品特徴を
伝える

オリジナルを
つくる

キャラクターを
借りる

キャラクター価値を
育てる

第2章　つくるにあたって

211

ロゴ

ロゴはパッケージデザインの中心的要素

　ロゴとは、企業、ブランド、組織、商品、サービスなどを象徴するシンボルのことで、多くの場合、パッケージデザインの中心的位置を占めます。ネーミングや企業名をロゴ化することで、デザインの視認性が高くなり、短時間で情報を伝達できる、ブランド資産として活用しやすくなるという面があります。しかし、ロゴの育成には時間と費用がかかります。開発したロゴを人々の記憶に残し、メッセージとリンクした記号に育てていくまでにはかなりの労力が必要になります。

　企業ロゴをパッケージに記載するケースも多く、商品ロゴとぶつかることもあるので、企業ロゴと商品ロゴのバランスも決めておくとよいでしょう。広告を大量に入れる、企業ブランドを前面に出さずに商品ブランドとして育成していく、数多くのラインアップを同一のブランドで展開する、といった場合には、パッケージデザインに先行もしくは同時並行の形で、ロゴ開発に時間をかけることを勧めます。特に化粧品などの場合はこのケースが多いと思います。その場合にはネーミングを先に決めておくこと、ネーミング以外のマークを入れてもいいのか、スローガン（企業やブランドの理念等を表現した短い言葉）などを付け加えるのかといった表現の範囲を決めておくことが重要です。広告量の少ない新商品の場合には、まず商品のベネフィットをパッケージで伝えることが最優先になるので、実務的には商品ロゴの制作だけ抜き出してそこまで時間をかけることは難しいかもしれません。しかし中長期的に見たときに商品ロゴはパッケージデザインの中心的な要素になります。パッケージデザインを制作、評価する過程の中で、ロゴを抜き出して、広告案や商品シリーズをつくって評価してみるのも1つの方法だと思いま

Part 2　パッケージデザインをつくる

す。

　POP、雑誌広告、WEBなどに展開できそうか、色が1色になっても成功するか、強い存在感があるか、商品のイメージに合ったフォントや色味になっているか、縦組みや横組み、様々な商品に展開していったときに使いやすいか。こういった視点で商品ロゴの完成度を高めていきましょう。

構成要素

▶▶▶ 商品ロゴの3パターン

ネーミングのみをロゴ化したパターン

ネーミングとイラストをロゴ化したパターン

企業ロゴと商品ロゴを一体化させたパターン

第2章　つくるにあたって

形

形状は国境を越えて残るアイデンティティ

形状つまり「**形**」という要素は、長期にわたり、かつ国境を越えて消費者の記憶に残るアイデンティティです。パッケージデザインの触ることのできるメディアとしての特徴を最大限に生かすのが、この要素です。形のデザインは、美しい、高級そう、クールといった情緒的価値だけでなく、持ちやすさ、使いやすさといった機能的価値、人間工学的視点も必要です。また、生産ラインに乗せたときに効率的につくれるのか、金型がつくれるかといった製造面での視点、物流上の運びやすさや品質保持性など、様々な面での検討が必要なため、時間とコストが発生しますが、それゆえに一度形のアイデンティティを形成できるととても強いブランド資産になります。

ロングセラー商品のパッケージデザインには、そのアウトラインを見るだけで、商品をイメージさせるものがあります。法律的にも、パッケージの形状は、条件を満たせば立体商標として登録することが可能です。日本のパッケージデザインでは、形状デザインと平面デザインを同じ人が担当する場合もありますが、本来は別の専門分野なので、形状デザイナーと平面デザイナーがチームを組んで進める形が望ましいように思います。進行に当たっては、形状デザインと平面デザインをある程度同時に進行することを勧めます。最初はラフスケッチなどから始め、2次元で正面・側面からのイメージをつくりながらデザイン案を絞り込んでいきます。次に3次元で立体的に見て検討するために**モックアップ**といわれる同サイズの模型をつくります。このモックアップに塗装やロゴなどを貼り付けて、本物そっくりに仕上げ、手で持った感触などを検討します。実際につくってみるというプロセスは大変重要で、画面上とは違った視点で検証することができます。モックアップは調査用資

Part 2　パッケージデザインをつくる

料や広告素材としても使うことができます。設計段階で図面を起こしていくときにも参考になります。

構成要素

▶▶▶ **形状で人々の記憶に残っている代表的なパッケージ**

25

容器

容器によって商品価値を高める

　優れた**容器**の開発は商品価値を大きく高めることができます。容器開発には様々なコスト、時間といった労力が求められますが、その分、完成したときに競争優位の源泉になる可能性が十分にあります。

　容器開発の方向性には4つのパターンがあります。

　1つ目のパターンは、消費者の不満を解決するという方向です。消費者のニーズが明確なときに大変有効です。例えば、納豆を取り出すとき、従来は、納豆を覆っているフィルムを取るため、ねばねばが手に付きやすかったので、手を汚さずに納豆を食べたいというニーズがありました。これに対しミツカンは、フィルムが必要ない容器を開発して大きな成功を収めました。

　2つ目のパターンは、使用シーンを増やすという方向です。これまでの商品とは異なる形状の容器を開発することで、使用シーンを拡大することができます。

　3つ目のパターンは、新しい使い方を提案し、商品価値を高める方法です。例えば、モーターを内蔵し、定期的に噴射する芳香剤などは、容器に新しい機能を加えることで新しい商品価値を実現しています。

　4つ目のパターンは、商品の情緒的価値を高める開発です。男前豆腐店によるサーフボードの形をした豆腐の容器は、「風に吹かれて豆腐屋ジョニー」というネーミングとマッチして大きなヒットを生み出しました。

　いずれにせよ、どの目標のために容器開発をするのかというゴール設定と、組織横断的な協力が重要になります。容器開発には金型開発などコストもかかりますので、投資回収計画などの長期的な財務計画も重要になります。

　そのほか、容量を大きく変えるという視点も大切です。従来の商品を小さ

Part 2　パッケージデザインをつくる

くすることで持ち運びが可能になり、新しい使用シーンを生み出すこともあ
りますし、大きくすることによって新しい用途が生まれることもあります。
容器開発においては、他業界の情報を常に仕入れながら、ユーザーの使用シー
ンを積極的に観察し、容器を変えることでどのような市場ができるかなどの
仮説検証を繰り返し、機会を見い出していくことが欠かせません。

▶▶▶ 容器による商品価値の増大

利便性を高める

消費者の不満やニーズを解決し、利便性を高める

片手で洗剤を投入できるようにする

開封口にジッパーを付けることで保存性を高める

使用シーンを増やす

今まで使わなかったシーンでの利用を促進し、利用量を増やす

サイズを小さくし、ボトル形状にすることで、利便性を向上させ、使用頻度を高める

常備しやすい容器にすることで車内やオフィスデスクなどでも使用できるようにする

第2章　つくるにあたって

素材

地球環境に優しい素材で社会貢献も

　よく使われるパッケージの**素材**は、大きく４つに分類できます。素材はその特性や加工方法など、かなりの専門知識が必要な分野です。ここでは、基本の４素材の特徴だけを紹介していますが、それぞれはさらに細かく分かれています。商品担当者としては、現在自社で使っている素材の基本的な特性は知っておく必要があります。詳細については、右図の各分野・素材の資料を参照してください。

１．紙：腰があり、クッション性や通気性に優れています。形態を変える自由度が高いため、様々な形をつくることができ、機械による自動包装などとの適性も高い素材です。

２．金属缶：商品の中身の保護性や、たくさん積んでも壊れないといった積載性に優れています。また圧力や熱にも強い特性があります。

３．ガラス瓶：耐油性、耐熱性に優れるという特性があります。またリサイクル、リユースもしやすい素材です。

４．プラスチック：成型性に優れており、透明で軽量、耐水性にも優れています。

　それぞれの特性を理解し、消費者や流通のニーズに合わせて、素材の変更や追加を検討することが大切です。例えば、ガラス容器だった調味料をプラスチック容器にすることで、ガラス瓶では重くて割れる危険性があるため難しかった生鮮売り場へも陳列できるようになり、プロモーションを促進させるといった可能性が生まれます。

　最近は、消費者の意識が変化し、企業の環境への取り組みが高く評価されるようになってきています。地球環境に優しい素材へスイッチすることで、

Part 2　パッケージデザインをつくる

社会貢献にもつながります。素材の開発は常に行われており、今までは評価の低かった素材も、廃棄設備が進化することでエコ素材に変わることもあります。新しい素材情報を常に仕入れ、検討していくことが大切です。

構成要素

▶▶▶ パッケージ素材収集と選定

> 素材の基本特性の理解

> 最新技術・素材事例の
> 情報収集と共有

> 製造・廃棄技術の進歩による
> 環境負荷情報の収集と共有

素材の基本特性

	長所	短所	よく使われる商品
紙	❶ 腰があり、抗張力が強い ❷ クッション性 ❸ 通気性 ❹ 低温から高温まで耐える ❺ 印刷効果が狙える ❻ 構造形態の自由度 ❼ 自動包装適性 ❽ 衛生的 ❾ 環境性	❶ 耐水性に欠ける ❷ ガスバリア性がない ❸ ヒートシール性がない ❹ 中身が見えない ❺ 耐油性・耐薬性がない ❻ 熱形成や圧縮形成に限界	お菓子、牛乳などの液体容器、ティッシュボックス、窓張箱、化粧箱、キャリーカートンなど
金属缶	❶ 保護性 ❷ 積載性大 ❸ 耐熱性大 ❹ 耐内圧性大 ❺ 利便性 ❻ 情報性	❶ 中身が見えない ❷ 成型の難しさ ❸ クッション性が少ない ❹ 長期耐水性に欠ける	飲料（コーヒー・ビール）、缶詰など
ガラス瓶	❶ 保護性 ❷ 透明性、耐水性 ❸ 環境負荷が少ない ❹ 容器として再使用が可能 ❺ 質感 ❻ 重量感 ❼ 多様な形状とデザイン性 ❽ 耐腐食性・耐薬性	❶ 重い ❷ 割れる ❸ 柔軟性がない ❹ 遮光性がない（透明びん）	焼酎、日本酒、牛乳、ドリンク剤、佃煮、漬物、お酢、ドレッシング、ワイン、ジャム、ビール、ウイスキー、たれ、調味料、薬品、化粧品、清涼飲料
プラスチック	❶ 成型性に優れている ❷ 透明性に優れている ❸ 軽量 ❹ 耐衝撃性 ❺ 耐腐食性、耐薬品性に優れたものが多い ❻ 断熱性 ❼ 耐水性 ❽ 接着性	❶ 熱に弱い ❷ 機械的強度が弱い ❸ 有機溶剤に弱い ❹ 劣化しやすい ❺ 静電気を帯びやすい	マヨネーズ、お茶、しょうゆ、洗剤、マーガリン、味噌、即席めん、豆腐、電子レンジ容器、リフィル容器、ハム、ソーセージ、せんべい、漬物、カップラーメン、レトルトカレーなど

『包装早わかり』（公益社団法人 日本包装技術協会）を参考に作成

第2章　つくるにあたって

219

印刷方法

パッケージで使われる5つの印刷方法

パッケージで使われる基本的な5つの**印刷方法**を紹介します。

1. **オフセット印刷**：油性のインキと水とが互いに反発し合う性質を利用して印刷します。美しい印刷物を仕上げるのには最も一般的な印刷方法です。グラデーションをきれいに出そうという場合には、オフセット印刷が最も適しています。

2. **グラビア印刷**：凹版印刷の一種で、金属板にへこみをつくり、そこにインクをためて、押し付ける印刷方法です。インキの層が厚くなるため、濃いベタ印刷やカラー写真の再現性に優れています。フィルムへの印刷はこのグラビア印刷が使われます。グラデーションの再現性は高くありません。版が高価なため、大量印刷に向いています。

3. **フレキソ印刷**：凸版印刷の一種で、ゴム印のように版の凸部分にインキをのせて転写する印刷方法です。版が樹脂でできているために、大量に印刷する場合には向きません。カラー写真の再現性に欠け、ベタムラが出やすいので、1色や2色の場合やコストを抑えたい場合に向いています。

4. **シルク印刷**：スクリーンと呼ばれる版板にインクをヘラで刷ることで印刷する方法です。以前は実際にシルクを使っていたので、シルク印刷と呼ばれていますが、現在はポリエステルやナイロンなどの樹脂が使われています。インキを厚く盛ることができ、曲面にも印刷できるため、化粧品のボトルやガラス瓶のロゴなどで使われています。

5. **ホットスタンプ**：金や銀などの箔を印刷したいときに使う方法で、箔押しともいわれます。熱によって箔を圧着させる方式で、プラスチック容

器のロゴ部分や、キャップなどの印刷で使われています。

　パッケージデザインを制作する際には、事前に自社の素材と印刷の方法をデザイナーに説明し、印刷された既存商品を見本として渡すことを勧めます。デザイナーはどこまで細かく再現できるのかが確認でき、印刷で表現できないデザインを回避することができます。

構成要素

▶▶▶ 印刷方法とデザインの進め方

事前に印刷素材と印刷方法をデザイナーに明示し
同素材・同印刷方法でつくられた既存商品をサンプルで渡す

デザイナーは表現の可能範囲が判断でき印刷不可能なデザインを回避できる

印刷方法

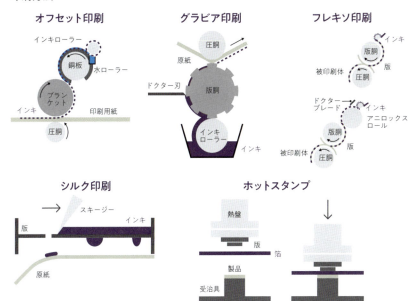

第2章　つくるにあたって

パッケージデザインと法律

知的財産の関連法と表示ルールをしっかりと理解する

　パッケージデザインを取り巻く法律には様々なものがありますが、特にデザインに関わる2種類の法律について、押さえておく必要があります。1つは**知的財産権に関わる法律**です。これにはデザイナーとの良い関係性を守るという面と、自社の権利を競争から守るという2つの面があります。デザイナーにどういった権利が存在するのかを事前に理解し、しっかりとその権利について確認し合うことは、デザイナーと長期的に良い仕事をしていく上で欠かせません。金額の大小ではなく、デザイン料の中に、法律上発生する権利をどこまで含んでいるかという説明が、デザイナーを認めることになるのです。知的財産権法の中でも、**商標法、意匠法、著作権法**が頻繁に関わります。

　知的財産権制度は、知的創造活動によって生み出されたものを、創作した人の財産として保護するためにつくられた制度ですが、それぞれの目的と対象は若干異なります。商標法は、消費者がだまされてニセ商品を購入してしまうことがないように、ネーミングやロゴ、マークといった商標を保護します。意匠法は、企業が安心して自社のデザインを使える環境をつくることで、産業が発展することを目的とし、デザイン（形状・模様・色彩）全体の権利を保護します。著作権法は、著作者の権利保護によって、文化の発展に寄与することを目的にしています。パッケージデザインで使われているイラストや写真などが著作権法の対象になります。

　もう1つは、パッケージへの表示義務に関する法律です。例えば、**容器包装リサイクル法**は容器や包装の識別表示を定めています。これは、容器の資源としての有効利用が円滑に進むように、消費者が分別廃棄しやすくするも

Part 2　パッケージデザインをつくる

のです。

　他にも、実際のものより著しく優良または有利であると誤認される表示を禁止する**景品表示法**や、製品の欠陥によって人の生命や体、財産に損害を被った場合に、被害者は製造業者に対して損害賠償を求めることができると定めた製造物責任法（**PL法**）、食品に関わる**食品表示法**や医薬品、化粧品などの表示に関わる医薬品医療機器等法（**薬機法**）などがあります。

　表示に関する法律は時代に合わせて改正されます。常に情報を収集しながら専門家の意見を参考にし、消費者にとって最も良い表示の在り方を考えていきましょう。

法律

▶▶▶ パッケージデザインを取り巻く2種類の法律

知的財産に関わる法律　創作者の権利保護

法律	対象	目的
商標法	●ネーミング・ロゴ ●マーク ●形状	●商標の保護 ●産業経済の発展
意匠法	●デザイン ● 物品	●意匠の保護と利用促進 ●産業経済の発展
著作権法	●イラスト、文字 ●写真など	●著作者の権利保護 ●文化の発展

表示に関わる法律　社会活動がスムースにいくための、デザイン上の表示義務・禁止事項

法律	パッケージ表記に関わるポイント
容器包装リサイクル法	使用している容器・包装資材の表記
景品表示法	誤認を与えるような表記の回避
PL法	正しい使い方の分かりやすい伝達
薬機法	医薬品や化粧品の表示義務・禁止事項
食品表示法	食品の表示義務・禁止事項

第2章　つくるにあたって

著作権

デザイナーの権利を知り、良い運用を考える

　パッケージデザインには、創作性の有無により、著作物として認められる
ケースと認められないケースがあります。しかし、パッケージデザインの中
で使われるイラスト、写真などに創作性が認められる場合には、**著作権**の対
象となります。基本的にはパッケージデザインを著作物とみなしてデザイ
ナーと話し合うことを勧めます。

　著作権は２つに大別できます。財産的な利益を保護する著作権（**財産権**）
と人格的な利益を保護する**著作者人格権**です。前者の財産権の中で、特に重
要になるのが、**複製権、二次的著作物の利用権**という２点です。複製権は複
製する権利ですから、印刷などが含まれ、これについてはデザイナーから企
業への譲渡が前提になります。二次的著作物の利用権では、二次的著作物に
ついて著作者と原著作者の両者に権利が生じるので、それを明確にしておく
ことが大切です。

　後者の著作者人格権には、**公表権、氏名表示権、同一性保持権**の３つの権
利があります。公表権は、未発表著作物の公表を決定する権利ですが、現実
的に新商品のデザインの公表時期を著作者が勝手に決めることはありませ
ん。氏名表示権とは著作物の公表に際し、著作者名表示の有無を決めること
のできる権利です。パッケージデザインで問題になるのは、３つ目の同一性
保持権です。これは著作物の改変を意に反して受けない権利です。パッケー
ジで用いたキャラクターのイラストの表情を変えるといったときなどに関
わってきます。こういった権利の存在を理解した上で、お互いの信頼関係や
運用のルール、契約などで実際の商慣行に合った継続性のある取引関係を構
築することが大切です。

Part 2　パッケージデザインをつくる

▶▶▶ 事前にデザイナーと確認しておいたほうがいいこと

すべてが著作権上の問題ではないが、
著作権に関連して、確認しておいたほうがいい内容

- ☐ 今後、味のバリエーションなどの展開をする場合
- ☐ 写真、イラストを再利用する場合
- ☐ サイズ変更、追加が発生した場合
- ☐ ブランドエクステンションが発生した場合
- ☐ 海外で展開する場合
- ☐ 微修正が必要になった場合（微修正の範囲）
- ☐ 第三者の著作権がデザインに含まれているか（写真、イラストの権利状況の確認）

> デザイナーと上記の場合の対応について事前に確認しておくと、もめることが少ない

デザイナーと もめないように
- ●派生する仕事もそのデザイナーに依頼する
- ●都度、使用料を払う
- ●使用する権利を最初に購入する

法律

著作権の構造

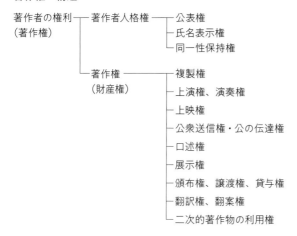

```
著作者の権利 ─┬─ 著作者人格権 ─┬─ 公表権
（著作権）    │                ├─ 氏名表示権
              │                └─ 同一性保持権
              │
              └─ 著作権 ───────┬─ 複製権
                 （財産権）     ├─ 上演権、演奏権
                                ├─ 上映権
                                ├─ 公衆送信権・公の伝達権
                                ├─ 口述権
                                ├─ 展示権
                                ├─ 頒布権、譲渡権、貸与権
                                ├─ 翻訳権、翻案権
                                └─ 二次的著作物の利用権
```

第2章　つくるにあたって

225

商標権

ネーミングを探す、ブランドを守る

　商標権とは商品やサービスに付ける「ネーミング」や「ロゴ」といった商標を財産として守り、商標を使用する者の業務上の信用の維持と利益の保護を目的としています。商標には、文字、図形、記号、立体的形状やこれらを組み合わせたものなどのタイプがありますが、2015年4月から、動き商標、ホログラム商標、色彩のみからなる商標、音商標及び位置商標についても商標登録ができるようになり、ブランド戦略の多様化に合わせて進化しています。

　実務的にはネーミングを決める際に、既に商標登録されているものとぶつからないかを調べることが多いと思います。多くのネーミングが登録されているので、商標登録していないネーミング案をつくるほうが難しい分野もあります。商標は特許庁への登録制で、登録日から10年間保護され、更新することも可能です。特許庁は商標のデータベース「特許情報プラットフォーム（J-PlatPat）」を提供しており、想定しているネーミングが他社に取られていないかどうかを簡単に調べられます。他社が取得しているネーミングを、交渉して借りるという方法もあります。また、商標は登録者に使用意図がない場合、取り消し請求をすることもできます。

　商標登録された名前は、他社が使うことができないので、そのカテゴリーそのものを意味するような名前として普及させた場合、競争上、大変有利です。「セロテープ」「ポストイット」「バンドエイド」などは好例です。まれに「キシリトール」のように、成分名でありながら当時は認知度が低かったために商標登録できて、競争優位を実現したケースもあります。

　ネーミング決定とロゴが出来上がってきたそれぞれの段階で専門家へ相談

Part 2　パッケージデザインをつくる

し、使用する可能性があれば、早めに商標登録をすることを勧めます。

2015年から始まった新しいタイプの商標も、徐々に登録件数が増えています。ロングセラー商品のデザインなどで、部分的な要素を見ただけでその商品、ブランドと認識できる場合には、色彩のみからなる商標や立体商標として登録できる可能性があります。

▶▶▶ ブランドの多様化に対応

立体商標の例

色彩のみからなる商標の例

特許情報プラットフォーム（J-PlatPat）

第2章　つくるにあたって

227

意匠権

意匠権と不正競争防止法

意匠権はデザインを保護し、利用を促進することで、産業活動が適切なルールに基づいて活発に行われることを目的としています。意匠権の対象となるのは、物品の形状、模様、もしくは色彩またはその結合であって、視覚を通じて美感を起こさせるものとされています。

パッケージデザインは、形状とグラフィックデザインの両方がセットとなり、意匠権の対象になります。ただし、パッケージデザインの中のロゴなどは物品の形状と結合していないので、意匠登録の対象にはなりません。

意匠登録は、対象となる意匠に類似するものも合わせて提出することで、意匠権の対象範囲を広げることができます。また、全体を意匠登録するだけでなく、一部を抜き出して意匠登録することもできます。

パッケージデザインは商品ライフサイクルが速いため、意匠権を申請している間に商品が終売になってしまうこともあるので、どのように意匠を守るかは専門家と相談することが必要です。

一方、自社の権利を守るだけでなく、他社の意匠権を侵害しないという点も注意が必要です。意匠の類似の判断は難しく、最終的に専門家の判断によるところが大きいですが、一般的に、発売されている商品のデザインと「消費者が混同するようなデザイン」を新たに採用することは大変なリスクを伴います。**不正競争防止法**では発売して3年以内の商品の模倣を禁じており、実際、不正競争防止法、意匠法、商標法に基づいて、パッケージデザインの類似に関する訴訟が企業間で発生しています。

ロングセラー商品、あるいはロングセラー化を狙った大型商品の場合には、意匠権を活用して、デザイン資産をしっかりと守る必要があります。類似・

Part 2　パッケージデザインをつくる

部分を合わせた意匠権の申請の他に、商標登録によるロゴデザインの保護や、不正競争防止法を念頭にしたプロテクトなどの組み合わせも重要です。

法律

▶▶▶ パッケージデザインの過去の訴訟例

過去の訴訟事例（不正競争防止法）

1995 年　サッポロビールは「黒ラベル」のデザインとサントリーの新「モルツ」のデザインが類似しているとして提訴

2001 年　ハウス食品はエスビー食品に対してパッケージデザインが類似しているとして提訴

2009 年　フマキラーはアース製薬の虫よけ器が自社商品に類似して混同させるとして、製造・販売の差し止めを求める仮処分命令の申し立てをした

第2章　つくるにあたって

容器包装リサイクル法

表示が義務付けられるマーク

　パッケージデザインは、消費者に対して情報を伝える重要なメディアなので、国や業界団体によって、表示義務が課されている内容があります。例えば、20歳未満の人がアルコールを飲まないように、酒類商品には「お酒は20歳になってから」という表示が義務付けられています。

　幅広い商品に表示を義務付けているものが、**容器包装リサイクル法**です。容器包装リサイクル法は、2007年4月から本格施行された法律です。家庭ごみの約6割を占める容器包装を再生利用することで、廃棄物の減量化と資源の有効利用を目指して施行され、容器包装の製造・使用事業者にリサイクルの義務を課しました。金属・ガラス・紙・プラスチックの4種類の容器包装が対象になります。

　この容器包装リサイクル法では、消費者が間違いなく分別排出ができるように、識別マークを見やすく表示することが義務付けられています。定められた表示マークがあり、定められたサイズで表示しなければなりません。サイズや材料、商品などによって例外規定などもあります。詳細を調べるのには、経済産業省のホームページなどが参考になります。こういった法律は突然施行されることはなく、先行段階から実施に至るまで段階的に情報が開示されています。また、時代に合わせ定期的に改正されます。2020年4月から、スチール缶、アルミ缶、PETボトルにおける識別マークのサイズが見直されています。2020年7月からはプラスチック製買物袋が有償提供されるようになりました。

　限られたパッケージのスペースの中にマークを表示しなければならないので、できるだけ無駄なく表示ができるよう、業界団体などの最新情報を積極

Part 2　パッケージデザインをつくる

的に収集しましょう。

法律

▶▶▶ **容器包装リサイクル法で定められている5つのマーク**

識別マークの「様式」と「デザイン」の関係

様式（主務省令で定める事項）		デザイン（様式に反しない範囲で自由）	
	H：高さ L：短外径 L は H の7/8 W：長外径 W は H の1.1倍 a：楕円の切れ目の幅 　（H の 7/100 以内） θ：楕円の傾き（45°） 文字の大きさ		紙製容器包装リサイクル推進協議会のデザインです
	a：一辺の長さ b：正方形の切れ目の幅 　（a の 2/5 以内） c：正方形の切れ目の幅 　（a の 1/14 以内） 文字の大きさ		プラスチック容器包装リサイクル推進協議会のデザインです
	R：円の外径 a：円の切れ目の幅 W：線の幅 文字の大きさ		食器容器環境美化協会のデザインです
	a：一辺の長さ b：一辺の切れ目の幅 W：線の幅 θ：1つの角の大きさ 文字の大きさ		食器容器環境美化協会のデザインです
	a：一辺の長さ b：一辺の切れ目の幅 W：線の幅 θ：1つの角の大きさ 数字の大きさ 文字の大きさ		PET ボトルリサイクル推進協議会のデザインです

※個別のサイズなど詳細については、各種識別マークの表示ガイドラインをご参照ください

第2章　つくるにあたって

231

Part 2 ● 第3章

デザインを
評価する

　パッケージデザイン案が出来上がってきたら、それを
評価してデザイン案を絞り込んだり、修正依頼をしたり
していきます。その際に、デザインはどのように評価し
たらいいでしょうか。

　この章では、デザインの評価の視点と方法を
ABCDE という5つの評価視点、定量調査や定性調査
を中心に紹介します。また、アイトラッキングや AI 評
価といった最新の評価方法についても解説しています。

　デザインを依頼する側も、デザイナーも、評価の視
点と具体的な評価方法の両面から本章を活用してくだ
さい。

基本的な評価の流れ

絞り込み・修正のヒント・決定

　パッケージデザインの制作における**デザイン評価**の基本的な流れについて紹介します。パッケージデザインの制作は通常、3カ月から1年程度の商品開発スケジュールの中で動いていきます。ここでは代表的な評価の流れを紹介しますが、必ずしもこのパターンだけではありませんので、スケジュールや予算、目的に合わせてアレンジしてください。また、デザイン評価は発売して終わりではなく、発売後も定期的に行うことで時代に合わせたデザインを維持し、ロングセラーブランドにしていくことができます。

　商品コンセプトが出来上がると、ネーミングやキャッチコピーが決まり、デザイン制作に入ります。最初のプレゼンテーションでは10から30案程度、複数のデザイナーやデザイン事務所に依頼した場合には50案、100案が検討されることもあります。一般的には、この時点でオリエンシートに立ち戻り、社内スタッフを中心に目的に合った質の高いデザインに絞り込んでいきます。絞り込まれた5案から10案を調査にかけて、評価を行います。

　その際には、評価視点を明確にした上で、修正点を抽出していくことが大切です。この段階ではスピーディーでコストも低いWEB調査を行うことが多いと思います。

　この調査結果を基に改良したデザインを、グループインタビューなどの定性調査にかけ、さらに細かい点での評価および改良点のヒントを得ていきます。定性調査は定量調査と比較すると、改良のヒントにつながる発見を多くすることができます。これらの調査方法については、このあとp.256で詳しく説明します。

　定性調査の結果を基に、さらにブラッシュアップしたデザイン案を、2案

Part 2　パッケージデザインをつくる

から3案に絞り込みます。その後、実物を棚に並べた会場調査を行い、最終案を決定します。発売後は売り上げやトライアル状況を見ながら、競合商品と比較し、実際にデザインがどのように受け入れられているか、どのようなポジションを獲得できているか、目指すべきポジションはどこかを明確にし、次のリニューアルの方向を決めます。方向が決まれば、リニューアルに向けたデザイン制作が始まり、初回の絞り込みを行うという具合に、サイクルが進んでいきます。

▶▶▶ **デザイン評価の流れ（例）**

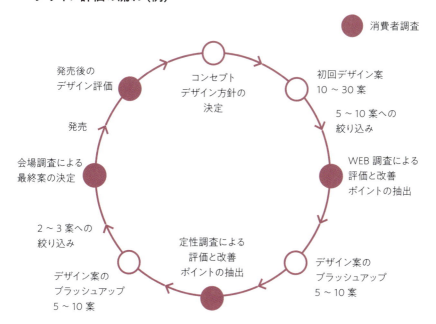

5つの評価軸（ABCDE）

最初に評価軸をきちんと定める

　売れるためのパッケージデザインという視点で考えると、パッケージデザインの評価はまず、「短時間で正確に商品のベネフィットが伝わっているか」ということがポイントになります。特に新商品の場合には、この視点が重要です。さらにそれを細かく評価するに当たって、5つの軸で評価することを勧めます。覚えやすいように「ABCDE」としています。

A：Attention（目立つか）
B：Basic（らしいか）
C：Concept（コンセプトが伝わっているか）
D：iDentity（アイデンティティがあるか）
E ：Experience（経験価値があるか）

　Aの「目立つか」は、多くの競合商品の中で、どれだけ記憶に残るかという視点です。Bの「らしいか」は、そのカテゴリーらしいか、自社の商品らしいか、そのブランドらしいかといった3つの視点です。牛乳であれば牛乳らしい、ビールであればビールらしいデザインでないと、消費者の選択肢に入るのは難しくなります。Cのコンセプトは、商品の特徴・差別化のポイントが表現されているかという視点です。Dのアイデンティティは、デザインの中にアイデンティティとなり得る要素があるかどうか、Eはその商品を使ったときに何か思い出に残るような経験を生み出す仕掛けがあるかという視点です。この5点が評価基準になります。

　パッケージデザインを評価するという作業は、慣れないと大変難しいこと

Part 2　パッケージデザインをつくる

です。まずは、デザインをじっくりと時間をかけて見てください。消費者は一瞬しか見ませんが、つくり手はじっくりと見なければ、デザインを評価したり、良いデザインをつくったりすることはできません。ABCDEの5つの評価軸をオリエンシートや調査票などに反映させることも有効です。大切なのは組織共通の評価軸を持ち、事前に今回どういった点を評価するのかというポイントを明確にしておくことです。

▶▶▶ パッケージデザインの5つの評価軸（ABCDE）

Ⓐ 目立つか ……………………………… Attention

「目立つ」「印象に残る」などの視覚吸引力があるか

Ⓑ らしいか ……………………………… Basic

❶ カテゴリーらしさ
❷ 会社らしさ
❸ ブランドらしさ

Ⓒ コンセプトが伝わっているか ………… Concept

商品の特徴・差別化のポイントが表現されているか

Ⓓ アイデンティティがあるか …………… iDentity

デザインの中に長期にわたって資産となり得るアイデンティティがあるか
カラー、ロゴ、レイアウトなどのうちブランドエクステンションをしたときに、共通して残せそうなもの、残したいものがはっきりとあるかどうか

Ⓔ 経験価値があるか ……………………… Experience

探索・購入から廃棄までの間に、使う人の思い出に残る表現や仕掛けがあるかどうか
SNSで共有したくなるような経験価値を提供するアイデアがあるか

第3章　デザインを評価する

237

03

5つの評価軸 ❶
Ａ：目立つか（Attention）

相対的に目立つことで、クリアできればよしとする

　評価軸のＡは「**目立つか**」です。競合商品と比較して目立つかどうかは大切なポイントです。これだけ多くの新商品が並ぶ中で、消費者の目にとまることがなければ、購入しようかどうかの検討対象にさえなりません。目立つためには、デザイン上、他と異なる部分を持つことが必要です。色を変えたり、配置を大きく変えたりするなど、様々な方法があります。

　大切なのは、相対的に目立てばいいということです。例えば、原色ばかり使われている商品が並ぶ棚で目立つには、あえて白を使ってみるというように、どの棚のどういった商品の中に置かれるかによって目立ち方は変わってきます。難しいのは、同時にそのカテゴリーらしさを維持しなければならないということです。ビールであればビールらしい、牛乳であれば牛乳らしいデザインでなければ、消費者に購入対象の商品として受け入れられません。

　しかし、よく考えてみると、目立つというのは「らしくない」ということでもあります。ビールらしくないデザインは、ビールの棚で目立つはずです。つまり、「目立つ」と「らしい」という２つの条件は対立します。その対立する２つの条件を同時に実現しないとならないわけです。デザインを制作する側にとっては、とても大変なことです。

　もう１つ大切なのは、「目立つことは必要条件だが、目立つことだけを追い続けても意味がない」ということです。修正指示が毎回、「もっと目立つようにしてほしい」という場合がありますが、パッケージデザインは目立てば目立つほど売れるというものではありません。一定のスコアをクリアした後は、その数値を上げていっても効果がそれほど変わらないものを経営学では衛生要因といいます。目立つというのは、この衛生要因なのです。一定の

Part 2　パッケージデザインをつくる

目立ち度を確保できたら、他の修正ポイントに集中しないと大事なデザイナーのパワーを無駄にします。目立つという評価軸は、ある一定のスコアはクリアする必要がありますが、その基準を超えたら、それ以外の目標に向けてデザインをブラッシュアップさせていくべきです。

▶▶▶「目立つこと」を実現するために

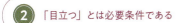

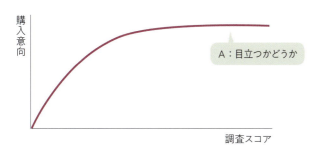

目立つことは必要条件であるが一定のスコアを獲得したらそれ以上は必要ない

04

5つの評価軸 ❷
B：らしいか（Basic）— 1

3つの"らしさ"があり、その範囲の中でデザインする

　評価軸のBは「**らしいか**」です。消費者は、購入時になるべく効率的に情報を判断しようとするので、パッケージデザインの持つ全体の雰囲気で、その商品が何かを大まかに推定します。カテゴリーらしいと感じる範囲から外れた雰囲気のパッケージを、わざわざリスクを冒してまで取ろうとする消費者はごくわずかです。

　「らしさ」には、「カテゴリーらしさ」「会社らしさ」「ブランドらしさ」という3つの「らしさ」があります。中でも重要なのが、「カテゴリーらしさ」で、これを外してしまうと、消費者の購入時の選択肢（選択集合）に入ることが難しくなります。つまり、その商品の情報を理解し、検討しようという意欲がなくなってしまうのです。「会社らしさ」や「ブランドらしさ」は、その企業がコーポレートブランド戦略を採っているのか、個別ブランド戦略を採っているのかによって異なりますが、大切なのはこの「らしさ」を明文化し、デザインを担当する人たちで共有することです。

1. カテゴリーらしさ

　「牛乳らしい」「ビールらしい」「薬らしい」——それぞれのカテゴリーには特有の「らしさ」があります。牛乳であれば、ブルーと白を基調にしたものが牛乳らしさの1つですし、カレーであれば横長の長方形になるとルー、縦型の長方形になるとインスタントになり、このルールを外してデザインすると「らしさ」がなくなり、売れなくなります。こういったカテゴリーが持つ「らしさ」は重要で、このトーン＆マナーを制作スタッフで共有する必要があります。

　あえて、カテゴリーらしさを大きく外すというデザイン戦略もありますが、

Part 2　パッケージデザインをつくる

かなりの広告投資と時間が必要になります。赤を基調としたパッケージの牛乳や豆腐が売りにくいのは、このためです。カラー、形、レイアウト、ネーミング、写真などによってカテゴリーらしさが決まります。

この「らしさ」は、時代とともに少しずつ変化していくので注意が必要です。10年前は赤を基調としたデザインのビールはあまり売れませんでしたが、ヒット商品をきっかけに赤のデザインのビールも受け入れられるようになりました。

評価

▶▶▶ **カテゴリーらしさ**

 牛乳らしさ

- 色：青と白、緑
- 形：紙パック
- 文字：日本語で「牛乳」の2文字が入る
- イラスト：牛、山、牧場

らしさがないと消費者の選択集合に入らない

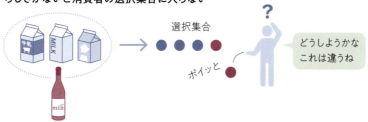

 カレーらしさ

カレールーとインスタントカレーはそれぞれどちら？
（形だけで、らしさが決まる場合もある）

第3章　デザインを評価する

5つの評価軸 ❷
B：らしいか（Basic）── 2

自分の会社らしさ、ブランドらしさを明文化して共有する

　前項に続き、評価軸のBを見ていきましょう。

2．会社らしさ

　自社のパッケージデザインに一貫して流れているトーン＆マナーとは何でしょうか。企業によっては、コーポレートロゴが入っていながら、商品によってデザインのテイストがまるで異なるものがあります。こうなると、各商品がばらばらのイメージを持ち、会社としての統一感が取れなくなります。日本企業の多くは、コーポレートブランドを中心にしたコミュニケーションを行っています。そのため、違う商品であってもパッケージデザインが1つのトーンでまとまっていると、消費者から見たときに「あの会社の商品ね」とコーポレートブランドを商品に活用できるばかりでなく、いくつもの商品のパッケージデザインがコーポレートブランドイメージを1つの方向に押し上げていきます。

「小林製薬の商品は分かりやすいネーミングで暮らしの役に立ってくれそう」
「カゴメのパッケージはカラフルで元気で健康的なイメージがあるね」

　こういった印象が会社らしさであり、多くの商品が会社らしさという1つのベクトルでまとまっていると、長期にわたってコーポレートブランドの強化に大きく貢献します。

3．ブランドらしさ

　企業によっては、コーポレートブランドをあえて前面に出さず、個別ブランドを押し出している会社もあります。こういったケースでは、パッケージデザインのリニューアルやブランドのエクステンションの際に、「そのブランドらしいか」という点が重要な基準になります。デザインマニュアルによっ

Part 2　パッケージデザインをつくる

てデザインルールの詳細を決めたり、ブランドパーソナリティーやイメージを明記し、スタッフで共有することで、そのブランドらしさを維持するという方法もあります。いずれにしても、何らかのルールや明文化された共通認識の下に、そのブランドらしいデザインをつくることが重要です。

▶▶▶ 会社らしさ

小林製薬らしいパッケージ

カゴメらしいパッケージ

▶▶▶ ブランドらしさ

ヱビスらしいパッケージ

カップヌードルらしいパッケージ

第3章　デザインを評価する

5つの評価軸 ❸
C：コンセプトが伝わっているか（Concept）── 1
機能的価値

トライアルには機能的価値の伝達が重要

　評価軸のCは、「**コンセプトが伝わっているか**」です。特に新商品の場合は、短時間で商品のユニークなベネフィットを伝えることが、その商品の成功の鍵になります。商品には大きく4つの価値があるといわれています。**基本価値**と**便宜価値**をあわせて**機能的価値**、感覚価値と観念価値をあわせて情緒的価値と整理できます。

　パッケージで伝えるべきコンセプトにも、機能的価値と情緒的価値がありますが、トライアルを喚起させるには、「この商品を購入するとどんないいことがあるか」といった機能的価値を伝えることが重要です。そのためには、消費者に与えるベネフィットを1点に絞ることが必要です。「消費者に一番伝えたいベネフィットが伝わっているか」──これが目標になります。

　パッケージデザインは面積が限られていて、見てもらえる時間も一瞬なので、その瞬間に分かりやすく商品のベネフィットを伝えることが欠かせません。商品の機能的価値を伝える際に大切なのは、消費者を説得したり、理解させたりするのではなく、納得してもらうことです。スペックや商品の物性を伝えようとすると、どうしても説得的な表現になってしまいがちですが、五感にスーッと入っていく表現が重要です。商品を伝えるキャッチコピーやネーミングといった文字情報は、機能的価値を伝えるには非常に大切です。完成したコピーは消費者の五感にスーッと入っていく形になっているでしょうか。

　また、イラスト、写真、容器の形や素材、手触り感など、様々なパッケージデザイン上の要素を総動員して、一番伝えたい機能的価値が瞬時に消費者に納得してもらえる流れになるようなデザインにしていきましょう。

Part 2　パッケージデザインをつくる

▶▶▶ 商品の4つの価値

和田充夫著『ブランド価値共創』(同文舘出版、2002年)を基に作成

▶▶▶ コンセプト伝達(機能的価値)のポイント

一番伝えたいベネフィットが短時間で正しく伝わっているか

❶ 訴求ポイントを絞り込む(一番伝えたいことを明確に)
❷ 説得ではなく、五感で納得してもらう
❸ デザイン要素を総動員する

07

5つの評価軸 ❸
C：コンセプトが伝わっているか（Concept）— 2
情緒的価値

すべてのデザインには情緒的価値が付いてくる

　前項で、コンセプトには機能的価値と情緒的価値の両面があることを説明しました。**情緒的価値**には、楽しさや、心地よさ、五感に訴える**感覚価値**と、歴史やブランド、物語性といった**観念価値**があります。機能的価値が言葉や数字、図解のイラストなどを使って左脳に働きかけようとするのに比べ、情緒的価値は感覚や気分など右脳に働きかけるビジュアル中心の価値です。

　ここでよく誤解されがちなのが、「うちの商品は化粧品や価格の高いお酒などとは違うので、情緒的価値の表現は関係ない」という考え方です。どんなデザインであっても情緒的価値は存在しますし、重要です。もちろん嗜好品や高級な商品ほど情緒的価値が求められないにしても、商品をデザインすれば、好むと好まざるとにかかわらず、デザインは情緒的価値を発信してしまいます。どのようなイメージを発信したいのかという問いを避けることはできません。

　まずは「これからどんなブランド、もしくは商品として、みんなに覚えられたいのか」という目標設定をすることです。例えば「美しい」というイメージを表現したいときに、「そのブランドはどんな美しさであるべきなのか」という問いから始まります。「美しさ」には人類始まって以来の歴史があります。大げさに言うと、歴史、文化、社会、地域といった観点で過去から未来に向けての「美しさ」の在り方に、自分なりの答えが持てるかが問われます。美しさに限らず、おいしい、高級、安心など、デザイン制作のやり取りでよく出てくるキーワードの中にどれだけの深みや物語を持たせられるか、ある意味で教養が求められます。発注者である商品企画担当者とデザイナー両方に教養があり、深いところで表現すべきことが共鳴できている関係性が

Part 2　パッケージデザインをつくる

理想です。

　無印良品のデザインキーワードに「エンプティネス（空っぽ）」という言葉があります。このキーワードには日本の美意識とのつながりがあり、さらに般若心経に出てくる「空」とのつながりも感じさせ、「シンプル」という言葉とは異なる深いキーワードだと思います。

　この表現したいイメージにたどり着いたら、デザイナーと共有しやすい言葉やビジュアルなどを用意します。p.184で説明した比喩（メタファー）を活用するのも有効です。

▶▶▶ コンセプト伝達（情緒的価値）のポイント

未来に向けてブランド価値を具象化していくという作業

 「美しさ」とは何か（思考プロセス）

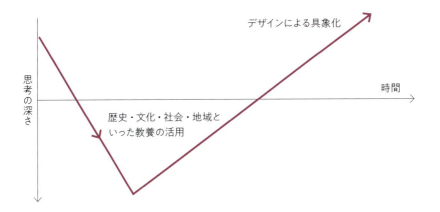

第3章　デザインを評価する

247

08

5つの評価軸 ❹
D：アイデンティティがあるか（iDentity）

消費者の記憶に残る部分があるか

評価軸のDは、「**アイデンティティがあるか**」です。アイデンティティとは、パッケージデザイン上のカラーや、ロゴ、イラストなどの中で消費者の記憶に残り、商品のブランドイメージや世界観とのつながりを想起させるようなものをいいます。発売当初にいきなり完璧なアイデンティティをつくることはできませんが、最初の段階で、存在感のある部分やアイデンティティとして育成していきたい部分がないと、後からそれをつくっていくことは大変難しくなります。

新商品でよくあるのは、言いたいことが多過ぎて、メリハリがないデザインになってしまうことです。アイデンティティをつくるということは、パッケージ上で相対的に目立つ・存在感のある部分をつくっていくことです。伝えたいいくつもの要素が、いっぺんに前に出てくるとメリハリがないごちゃごちゃしたデザインになり、アイデンティティがどこにあるのか分からない状態になります。

また、アイデンティティがあることで、広告との連動性を確保しやすくなります。バンテリンを見ると「あっ、あの筋肉人間の商品ね」などと、テレビやWEB、店頭でのコミュニケーションが消費者の頭の中でつながっていくのです。

アイデンティティがあると、商品が売れて、サイズを変えたり、他のカテゴリーに商品展開をしたりする、いわゆるブランドエクステンションの際にも役立ちます。「あの商品と同じシリーズだ」という認識をしてもらいやすくなるのです。強いアイデンティティは情報伝達を効率化するとともに、他社ブランドと自社を差別化する優位性にもつながります。

Part 2 パッケージデザインをつくる

▶▶▶ アイデンティティの効果と発展

デザインの中に長期にわたってカラー、ロゴ、イラストなど消費者の
記憶に残せるアイデンティティをつくる

▶▶▶ アイデンティティが商品展開や広告展開を強くする例

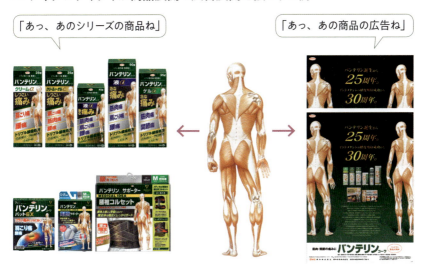

第3章 デザインを評価する

5つの評価軸 ❺

E：経験価値があるか (Experience)

思い出づくりの仕組み

　評価軸のEは、「**経験価値があるか**」です。経験価値という言葉は、米コロンビア・ビジネススクールのバーンド・H・シュミット教授が提唱し、その概念が広がりました。商品・サービスそのものではなく、それらを利用する際の体験や経験にこそ価値があるという考え方です。20年以上の歴史があり、決して新しい考え方ではありませんが、この数年ますます重要な価値として認識されているように思います。

　その理由としては、商品がサービス化したこと、SNSの普及により経験価値の共有がマーケティングパワーを持つようになったこと、アプリサービスなどが普及し、システム構築で使われていたユーザーがサービスや商品の利用を通して得る経験に着目した考え方であるユーザーエクスペリエンス（**UX**）の概念とマーケティングの経験価値の概念が実務的に融合したことなどが考えられます。

　この経験価値をパッケージに持たせることはとても大切です。購入前の情報収集から、店頭やWEBでの購入、家までの持ち運び、使用時、保管、廃棄に至る過程の中で、思わず人に伝えたくなるような経験価値を、パッケージが有しているかという視点です。例えば、WEBで購入した商品が家に届いたとき、段ボールを開けたら内側にカラフルなデザインが施されていたり、感謝の言葉がデザインされていたりしたらどうでしょう。家まで持ち運ぶのにとても便利な仕掛けや、思わず自慢したくなるようなデザインが施されていたらどうでしょう。受験をする先輩のためにメッセージを添えたお守り代わりに贈る「キットカット」は、プレゼントする側、される側にどんな思い出をつくってくれるでしょうか。プレゼントされたカラーペンを開けてみた

Part 2　パッケージデザインをつくる

ら、色とりどりのペンが孔雀の羽のように扇形に開いたらどれだけ思い出に残るでしょうか。パッケージを捨てようと思ったときに、そこにつくり手の気遣いを発見したら消費者はその企業にどんな思いを抱くでしょうか。

　経験価値とは、つくり手が消費者に寄り添い、どんな思い出づくりのアイデアがあるかを考え、それに挑戦してみることから広がっていきます。いつも消費者の近くにあるパッケージデザインには、経験価値創造のチャンスが満ちあふれているように見えます。

▶▶▶ 経験価値の重要性

商品・サービスそのものではなく、それらを利用する際の
体験や経験にこそ価値があるという考え方

- 商品のサービス化
- SNSの普及
- システム分野のUX概念との実務的融合

常に消費者の近くに存在するパッケージには経験価値創造の機会があふれている

探索 ⋯▷ 購入 ⋯▷ 運搬 ⋯▷ 使用 ⋯▷ 保管 ⋯▷ 廃棄

第3章　デザインを評価する

評価の重みづけ

デザイン制作前に評価項目を決める

　ここまでデザインの評価には「ABCDE」の5つの評価軸が重要であると説明しました。最低限この5つの評価軸については評価をし、デザイン案の選択と修正に向けたポイントを抽出することが必要です。ABCDEのどの評価軸を優先するのかという**重みづけ**は、その商品の特性やマーケティング戦略によって変わってきます。こちらの商品は目立つことが非常に重要だが、あちらの商品はコンセプトをしっかりと伝えたいなど、それぞれの商品で優先順位が異なります。

　カテゴリー特性とマーケティング戦略によっても優先順位は変わってきます。同じ化粧品でも、セルフの場合と百貨店の場合では異なります。ドラッグストアで売るセルフ型の商品パッケージの場合は目立ち度合いを重視した上で、コンセプトの機能的な価値をしっかりと伝えていく必要があります。逆に、百貨店で売る化粧品ブランドのように嗜好性が高い場合は、その価格、ブランドに合ったコンセプトの情緒的価値やアイデンティティをしっかりとつくっていく必要があります。購買頻度が高く、商品単価が低い商品は嗜好性も低いので、多くの場合、ABCの3つ（Cの場合は機能的価値の伝達）が優先されるでしょう。

　広告投資の量もこのABCDEの優先順位に大きな影響を与えます。当初から大量の広告投資がある場合には、広告と連動するDのアイデンティティの重要性が増します。通常、大量の広告が投下される場合には、プル型の戦略が多いために、アイデンティティとともにコンセプトもしっかり伝える必要があります。広告投下量が少ない場合には、ユーザーのカテゴリーへの興味の度合いによって評価の優先順位を判断します。

Part 2　パッケージデザインをつくる

この優先順位を最初に決めておくことはとても大切です。何を大切にしたいのかをデザイナーに対して明確に示すことになるからです。また、事前に整理をしておくことで社内のデザイン案の検討や決定にも役立ちます。デザイン制作を始める前に、今回のデザインでABCDEの何を大切にするのかを、しっかりと商品企画担当者やクリエイティブチームでまとめてからスタートすることを勧めます。

▶▶▶ 評価軸の重みづけ

デザイン制作の前に商品企画担当者やクリエイティブチームでＡＢＣＤＥの評価軸の重みづけを行う

- デザイナーへ優先順位を伝達することができる
- 社内のデザイン検討・決定の際の指針になる

評価軸	重要度1～5	狙い・背景	評価の方法
A：目立つか (Attention)			
B：らしいか (Basic) ❶ カテゴリーらしさ ❷ 会社らしさ ❸ ブランドらしさ			
C:コンセプトが伝わっているか(Concept) ❶ 機能的価値 ❷ 情緒的価値			
D：アイデンティティがあるか (iDentity)			
E：経験価値があるか (Experience)			

第3章　デザインを評価する

調査活用のポイント

調査は良いデザインができてから

パッケージデザインを制作するに当たり、途中で**消費者調査**を活用するのは非常に有効な方法です。的確な消費者調査は、デザインの絞り込みや修正において明確な示唆を与えてくれます。

しかし、消費者調査に頼り過ぎることの弊害もあります。調査はあくまでも、仮説を検証するためのものです。例えば、完成度の低い3案を提示したとしても、完成度の高い3案を提示したとしても、消費者調査でどの案が一番良いかは結論が出てしまいます。また、パッケージデザインを画面で見せるのか、売り場を再現して棚の中で競合商品と並べて見せるのかによっても、結果は大きく変わってきます。デザイン案を絞り込んだり競合と比較したりする際には、デザインの完成度と自信を高めてから調査することを勧めます。「このデザインで決めているのだけど、社内説得用の調査だから」──こう言って消費者調査をする方がいますが、このくらいの自信と完成度があって初めて調査が生きてくると思います。

もう1つ、調査を活用する上で注意してほしいのは、パッケージデザインの調査の前に、コンセプトやキャッチコピー、ネーミングの評価をきちんと終わらせておくことです。パッケージデザインの調査結果が悪い場合、コンセプトの評価をしっかりと終わらせていなければ、コンセプトが悪いのか、ネーミングやキャッチコピーが悪いのか、どこまでさかのぼってやり直せばいいのか分からないという事態に陥ります。いくら優秀なデザイナーでも、コンセプトが悪ければ、ヒット商品をデザインすることは難しいでしょう。コンセプト評価⇒コピー評価⇒パッケージデザイン評価と順を追って行い、調査課題を明確にして課題に合った調査方法を選択しましょう。

Part 2　パッケージデザインをつくる

また、調査後にはブラッシュアップのための時間を十分に確保しておくことが大切です。せっかく調査でデザインが絞られてブラッシュアップのヒントが出てきたにもかかわらず、翌日に入稿が迫っている……ということになれば、せっかく実施した調査を有効に生かせず、本末転倒です。

▶▶▶ 調査活用のポイント

> 調査はデザインの完成度を高めて十分に自信をつけてから実施する

 なぜなら

> 完成度が低くても調査は結果が出てしまう

3つのポイント

① 調査をするデザインの完成度を高める

② コンセプト、コピーの評価は先に終わらせておく

③ 調査後のデザインブラッシュアップの時間を十分確保しておく

調査の方法

新商品と既存商品で調査課題は異なる

　パッケージデザインの調査の課題は、新商品と既存商品で異なります。新商品の場合には、「どのデザイン案がいいのか」「このデザインで競合に勝てるのか」などが課題になります。既存商品の場合は、「今のデザインはあの競合のデザインと比べ評価されているのか」「リニューアルするとしたら何を残して何を変えるべきか」などが課題になります。

　課題に対する調査手法としては、**定量調査**と**定性調査**があります。定量調査は仮説を検証するための大人数を対象にした調査で、定性調査は仮説を導き出すために少人数を対象に行う調査です。例えば「このデザインの悪いところがどこにあるのか」といった仮説そのものを出したい場合には定性調査が向いていますし、大人数に「どちらが魅力的ですか」と調査をして結果を見ることが定量調査による検証になります。

　デザイン制作の初期段階で、問題点や方向性を探る際は定性調査を、完成度が高まってきた段階では、定量調査を実施することが多いようです。デザイン案の絞り込み段階では、WEBを使った定量調査で検証しますが、最終的な調査になると棚に競合商品と並べて相対的なデザイン評価をすることになります。調査では出す順番によって評価が異なるので、結果に影響（バイアス）のない順番で見せることが重要です。

　デザインの調査はデザイン案を絞り込むために行うことが多いのですが、リニューアルのときには、デザイン制作の前に課題と目標を明確にするための事前調査も有効です。

Part 2　パッケージデザインをつくる

▶▶▶ **調査課題と調査方法（パッケージデザイン）**

方法／課題	定量調査 ●会場テスト ●WEB調査　など	定性調査 ●グループインタビュー調査 ●デプス調査 ●観察調査　など
新商品	●「どのデザイン案がいいのか」 ●「このデザインで競合に勝てるのか」 ●「ブラッシュアップすべき点はどこか」 ●「デザインの強みと弱みはどこか」 ●「伝えたいメッセージやイメージは伝わっているか」	●「どのようなデザインだと思われそうか」 ●「ブラッシュアップすべき点はどこか」 ●「デザインの強みと弱みはどこか」 ●「このデザインの悪いところは」
既存商品	●「今のデザインは競合と比べ評価されているのか」 ●「デザインのポジショニングはこのままでいいのか」 ●「リニューアルすべきか」 ●「リニューアルするとしたら何を残して何を変えるべきか」 ●「どこまで変えていいか」 ●「新デザインは既存デザインと比較して優れているか」	●「このデザインの本当の価値は何か」 ●「このパッケージはどのように使われているのか」 ●「今のデザインは競合と比べ評価されているのか」 ●「リニューアルするとしたら何を残して何を変えるべきか」 ●「どこまで変えていいか」 ●「新デザインは既存デザインと比較して優れているかどうか」

第3章　デザインを評価する

13

定量調査

WEB 調査と会場調査を使い分ける

定量調査の場合、大切なのは「何と比較するか」という点です。例えば、「62%の人が良いデザインだと言いました」という結果は、どのように判断すればいいのでしょうか。

過去の自社のデザインを基準にする場合、そのスコアよりも高ければ良いデザインとし、それよりも低ければやり直すというように、基準によって判断とその後のアクションが変わります。A案、B案、C案の中で最も良いものを選ぶということであれば、3案の相対スコアが基準になりますし、競合の商品に勝つということが目標であれば、競合商品のデザインを一緒に調査にかけて、そのデザインの評価スコアを基準にします。

調査の際にデザインを見せる順番も大切です。見せる順番によって調査結果に影響が出る（**順序効果**）ので、ローテーションを組んで見せる順番を平均化します。あまりにも調査するデザイン案が多かったり競合商品に比べて自社商品のデザイン数が多すぎたりすると、調査精度が低くなるので、デザイン案は絞り込む必要があります。

また、定量調査はあくまでも仮説の検証が前提ですから、あまりに多くの自由回答を設けることは避けるべきです。デザインに対する好意・非好意理由といった基本的な自由回答は必要ですが、自由回答を増やし過ぎると、調査対象者の負担が増え、結局、いい加減な回答しか得られなくなってしまいます。さらに、分析も非効率になります。定量調査における自由回答はあくまでも全体の傾向と、参考になる意見をピックアップするためのもので、基本は回答を選んでもらう選択式の設問にすべきです。

定量調査で代表的な調査方法は **WEB 調査**と**会場調査**（セントラルロケー

Part 2 パッケージデザインをつくる

258

ションテスト）の2つです。WEB調査はスピーディーに多くの案を検証するのに向いており、会場調査は実際の売り場に近い状態で、商品を見たり触ったりして評価できるので、パッケージサンプルが完成したタイミングの最終評価に向いています。それぞれの特性から、デザイン開発の初期段階の絞り込みではWEB調査、最終案を決定する後半の調査では会場調査をすることが多いようです。

▶▶▶ パッケージデザインの定量調査で気をつけること

① 何を基準にするかを明確にしておく

何と比べて高いスコアであれば、良いデザインとするのか

例
- 過去の自社のデザイン評価スコア
- 現行のデザインとの比較スコア
- 検討中の他のデザイン案との比較スコア
- 競合商品の評価スコア

② 順序効果をクリアする

避けるべきこと

例
- 全対象者に同じ順番でデザインを見せる
- 提示するデザイン案数を競合と変える
- デザイン案は絞り込む

③ 自由回答を設け過ぎない

なぜか

例
- 対象者に負担がかかり、いい加減な回答をされてしまう
- 分析が非効率になる

第3章　デザインを評価する

定量調査における評価項目

デザインの 19 のイメージワード

　デザインの定量調査で大切なのが**イメージワード**です。デザインの評価が高くても低くても、それがなぜなのかを知ろうとするときには、どのようなイメージを持たれているかを確認することが必要です。イメージワードには、一般的に消費者がパッケージデザインを評価する言葉を使いながら、幅広く安定して評価できる言葉を抽出します。その場の思いつきや商品の個性に寄り過ぎた特別な言葉で聞いてしまうと、そもそも消費者が感じていないイメージを過大評価することになったり、過去の調査結果と比較することが難しくなったりします。

　プラグでは、2015 年からパッケージデザインの自主調査を積み重ねてきました。500 万人を超えるパッケージデザインに関する自由回答を AI（人工知能）を使って分析し、消費者がパッケージデザインを評価するときに使う代表的な 19 のワードを抽出しました。ここで分かったことは、どんな商品のイメージであっても、この 19 の評価ワードで 7 割は説明できるということです。「おいしそう」という言葉だけは、医薬品や化粧品、トイレタリー商品には適さないので外します。また「デザイン要素がよい」についてはシズル写真やイラスト、背景の色などのコメントを集約しているので、このイメージワードもカテゴリーや商品によって細分化してもいいかと思います。

　「おいしそう」「かわいい」「シンプル」「デザイン要素がよい」「なつかしい」「やさしい」といった消費者の言葉でつくられた評価ワードを参考に、質問を設定してみてください。質問項目は、ベースとして変えない項目と、カテゴリーやブランド、コンセプトによって追加する項目に分けて管理することで、「このくらいのスコアであればいける」といった判断基準を蓄積するこ

Part 2　パッケージデザインをつくる

とができます。

▶▶▶ デザインの 19 の評価ワード

2015 年以降、500 万人分のパッケージデザイン評価に関する自由回答から抽出（プラグ実施）

- 「おいしそう」
- 「かわいい」
- 「シンプル」
- 「デザイン要素がよい」
- 「なつかしい」
- 「やさしい」
- 「安心感・信頼感がある」
- 「季節感がある」
- 「健康感がある」
- 「効果・効能を感じる」
- 「高級感・上質感」
- 「色味がよい」
- 「新しい・ユニーク」
- 「洗練」
- 「爽やか・清涼感」
- 「特徴がわかりやすい」
- 「目立つ・印象に残る」
- 「綺麗・美しい」
- 「清潔」

※「おいしそう」は食品・飲料・酒類などのみ
　「デザイン要素がよい」は写真がおいしそう、色が好きといったデザインに関するコメントを集約したもの

この評価ワードをベースにカテゴリー・ブランド・コンセプトを考慮して
追加・修正しながら質問項目を作成することが有効

第3章　デザインを評価する

AIによる評価

学習データから好意度を予測

　評価の最先端技術としてAIによるものがあります。AIは大量の学習データから好意度の高いパッケージデザインの特徴を見つけ出し、ある画像が与えられたときにどの程度好かれそうかを予測します。プラグでは2015年より蓄積してきた学習データを活用し、東京大学との共同研究を通じて、AIによるパッケージデザインの評価サービスを実現しました。

　あらかじめ用意された1,020万人（2024年時点）のパッケージデザイン評価データを基に、ディープラーニングを活用し、検討中のデザイン案を評価する仕組みです。WEB上にデザイン画像をアップすれば、セグメント別のパッケージデザインの好意度、好意度に影響を与えている場所の特定、19の評価ワードを基にしたデザインイメージ、好意度のばらつきを予測できます。わずか数十秒で、高い精度の予測が可能です。

　従来の調査では、WEB調査で5案程度、会場調査では2～3案程度しか調査にかけることができませんでした。そのため、案を絞り込む過程で、売り上げを高める可能性のあるデザイン案が客観的な評価を得ないまま、捨てられてしまうことがありました。AIを使うことで、多数のデザイン案をスピーディーに評価することができるため、これまで捨てられてきたような案も含めたすべてのデザイン案を評価することも可能です。

　また、従来の調査に比べて圧倒的に速く、コストも抑えられるため、デザイン開発に余裕をつくり出すことができます。調査対象者がデザイン案をWEB上に公開してしまうような情報漏洩のリスクもありません。たとえ1回目の評価が低くても、世に出したいデザインを工夫して何度もAI評価を繰り返すことで、デザインの品質を高めるという、新しいデザイン開発手法

Part 2　パッケージデザインをつくる

が可能になります。

　このAIを使ったパッケージデザインは、既にカルビーやネスレ日本から発売されるなど、多くの企業で活用が始まっています。現段階ではデザイン案を初期段階でスクリーニングするという活用方法が中心ですが、今後はデザイナーの人材教育やイノベーターの評価の予測など、従来の調査方法では不可能だった活用場面が増えていきそうです。

▶▶ **AI によるデザイン評価 [Crepo パッケージデザイン AI]**

1,020万人※の学習データを基に、AI がパッケージデザインを評価するサービス（プラグ）

※2024年時点のデータ数

AI 評価のメリット ●速くて安い ●すべてのデザイン案の評価が可能 ●情報漏洩がない

評価メニュー

好意度
5点評価で何点取れそうか

ヒートマップ
どこが好意度と結びついているか

イメージワード
「おいしそう」（例）と思われるのはどれか (19のワードから選べる)

ばらつき
好き嫌いが分かれそうか (好意度の標準偏差)

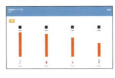

https://hp.package-ai.jp/

定性調査

デザイン修正のヒントを探る

　デザインを評価するための**定性調査**は、5〜6人を対象にした**グループインタビュー調査**や、対象者とインタビュアーが1対1で時間をかけて、深層心理を掘り下げていく**デプス調査**などが代表的です。

　グループインタビュー調査は声の大きい人の意見に流されることがあります。調査の企画者や司会進行役（インタビュアー）は、そうならないように色々な工夫をしています。例えば、デザインを提示した途端、「わー、かわいい」と誰かが言えば、それに影響されますし、「かっこわるい〜」という発言があれば、やはり影響を受けてしまいます。

　これを避けるには、デザインを提示する前に用紙を配り、最初に自分の意見を書き込んでもらうという方法があります。まず、「何も言わないで、紙にデザインの評価を記入してください」と伝えます。記入後に通常のグループインタビュー調査の形式に戻り、デザインについて話し合ってもらうという方法です。この方法だと紙に書いた自分の意見をベースに話をするので、第一印象が他人に大きく影響されることがありません。

　また、定性調査では仮説の抽出が目的になるので、定性調査だけでそのデザインが良いか悪いかを判断するのは危険です。大切なのは、デザインを初めて見た人がどんな印象を受ける可能性があるのかを体感し、ブラッシュアップするためのきっかけやヒントを探ることです。たった1人の意見の中にも素晴らしいヒントが隠されていることがあるのです。良い点、悪い点、好きな理由、嫌いな理由——こういった発言や表情の中にデザイン修正のヒントを見つけていきます。

　調査対象者が、具体的なデザイン修正の方法を提案してくれることはまず

Part 2　パッケージデザインをつくる

ありませんが、調査対象者がデザインをどう感じ、デザインの何がそう思わせているのかという結びつきを発見できます。なぜそう思ったのか、どこの部分からそれを感じたのかという感性とデザインのつながりを丹念に聞いていくことで、様々な発見があるはずです。

▶▶▶ パッケージデザインの定性調査で気をつけること

> **1** デザイン評価を口に出す前に紙に書いてもらう

グループインタビュー調査でのデザイン評価は、最初の発言者の意見に大きく左右される

例 「これから商品のデザインをお見せします。まずは何も感想を発言せずに
お手元のアンケートにご記入ください」

> **2** どのデザインがいいのかは判断できない

定性調査では、デザインの順位はつけられない
その前提でデザイン調査を行わないと、少人数の意見だけで
デザインの選択が左右されることになる

> **3** ヒントを見つける

デザインの修正やアイデンティティを探るためのヒントを見つける
そのためには、対象者が感じた印象がデザインの何によるものなのかを
掘り下げていくことが大切

例 調査対象者 :「おいしそうですね」
インタビュアー :「このデザインのどこを見て、そのように感じましたか?」

第3章　デザインを評価する

観察調査

違和感こそがチャンス

　定性調査の1つに**観察調査**という方法があります。消費者の実際の生活や使用場面を観察させてもらうことによって、商品開発のアイデアを発見しようという調査方法です。もともとは文化人類学の調査手法ですが、簡略化された形の観察調査がマーケティングリサーチにも取り入れられてきています。

　なぜこの方法が有効かというと、「人が言語化できる悩みはわずか5％」といわれるほど、多くの人にとって不満や課題を言語化することが難しいからです。不満や課題の多くは、人の潜在意識の中にあるのです。

　「普段使っているパッケージで、あなたが不満に感じていることはありますか？」と聞かれて、どれくらいの答えが思い浮かぶでしょうか。多くの人にとって、普段使っているパッケージは、そういうものだと受け入れて使っているので、不満と捉えることができません。新しい便利なパッケージが登場したときに初めて、「あ、これは便利だな」と感じるのです。

　観察調査は新しいパッケージを開発するのに大変有効です。その1つは容器開発でしょう。容器を進化させるチャンスは、観察調査によって多く得られます。この観察調査をどれくらい実施しているかは、各企業の開発力の大きな差となって表れているように感じます。

　観察調査の目的は容器を便利に進化させることだけではありません。メーカーが想定していなかった意外な使い方を発見することで、商品開発やプロモーションに生かせます。朝にたくさんのお酢を使っている家庭を観察すると、家族みんなで健康のためのオリジナルのお酢の飲み物をつくっていたという発見があったとします。そのオリジナルレシピをテレビCMや料理サ

Part 2　パッケージデザインをつくる

イトで紹介していくことによって新しい市場が開拓できるかもしれません。

　観察調査を行う上で大切なことは、観察したときの違和感です。言語化できない使用者の課題を引き出すことが観察調査の大切な目的ですから、観察対象者の体や行為が発信している違和感をキャッチしてください。「何度も繰り返している」「不自然な姿勢で使っている」——観察者が感じたこういった違和感には改良のヒントが多くあります。

　そしてその違和感は忘れないようにきちんとメモをして、本人にもインタビューしてみてください。観察後はチームのメンバーが感じたり発見したりしたことを、できるだけ早く共有しましょう。

▶▶▶ 観察調査の有効性

なぜ有効か

- 人が言語化できる悩みはわずか5％
- パッケージは生活に密着していて観察しやすい

何を観察

- 使用場面、購入場面、廃棄場面など、目的に合わせて観察を行う

観察のポイント

- 観察時に感じた違和感を深掘りしていく
- 観察後、速やかにチームで情報共有

第3章　デザインを評価する

アイトラッキング

目の動きを捉えてデザインに生かす

アイトラッキングとは、目の動きをセンサーで捉えて分析するシステムのことです。提供しているのはスウェーデンのトビー・テクノロジーという会社で、日本にも法人があります。ホームページで「アイトラッキング（視線計測）は、人々が「誰が・いつ・どこで・何を・どのように」見たか、を教えてくれるユニークな技術です」と紹介されている通り、マーケティングや熟練工のノウハウを共有するために世界中で使用されています。

以前トビー・テクノロジーにも参加していただき、日本マーケティング協会と早稲田大学が共同でパッケージデザインの研究を行いました。人々がパッケージをどのように見ているのかを知るのにとても有効な技術でした。

しかし、パッケージデザインにアイトラッキングを活用するには、目的を明確にすることが大切です。検討しているデザイン案の中でどれがいいかということだけであれば、従来の調査方法で十分な情報が集まると思います。消費者が購買時にパッケージに書かれた情報をどんな順番で情報処理しているかを調べて、パッケージに記載する情報の配置や文字の大きさに優先順位を付けたり、ロングセラーのパッケージデザインのどの要素が強い印象を与えているのかを探ることで、変えてはいけないデザイン資産を推定したりすることができます。他にも、棚に商品を配置し、商品がどのような過程で選ばれていくのかを調査することもできます。

年々アイトラッキングに使う機器が小型化され、調査目的に合わせた様々なバリエーションが用意されています。分析ソフトも充実しているので、調査目的がはっきりしていれば活用の価値は十分にあると思います。とはいっても、普段の購買行動とは違う環境の中での評価になるため、できるだけ調

Part 2　パッケージデザインをつくる

査目的を絞り、調査環境に配慮するなど、有効な調査になるように工夫しましょう。

▶▶▶ アイトラッキング

人々が「誰が・いつ・どこで・何を・どのように」見たか、を教えてくれる技術

- 購買時にパッケージに書かれた情報をどんな順番で情報処理しているか
- ロングセラーのパッケージデザインのどの部分が見られているのか
- 商品がどのような過程で選ばれていくのか（棚を活用）

例 使用機器

例 分析メニュー

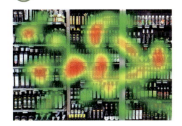

提供：トビー・テクノロジー

Part 3

新しい流れ

第1章
イノベーション

第2章
AI

Part 3 ● 第1章

イノベーション

　Part 3では、パッケージデザインを取り巻く新しい流れについて紹介します。
　パッケージデザインには人々の生活や価値観を大きく変えるイノベーションを実現する力があります。
　この章では、イノベーションとは何か、どのようなプロセスでイノベーションを実現するのか、パッケージデザインとイノベーションの関わりについて解説します。

イノベーションとパッケージデザイン

イノベーションの立役者としてのパッケージデザイン

　これまでにない新しい商品やサービスが生み出され、人々の生活を大きく変えることを**イノベーション**といいます。イノベーションの成功は企業に大きな成長と利益をもたらします。歴史を振り返れば、蒸気機関やエジソンの白熱電球、パソコンやインターネット、スマートフォンなどは人々の生活や文化を大きく進化させました。ここまで大きなイノベーションを起こすことはまれだとしても、多くの企業は従来にない新しい市場創造に向けて努力を続けています。

　人々の生活に密着しているパッケージデザインには、イノベーションのチャンスが多くあります。これには、大きく3つの視点があると考えられます。

　1つ目の視点は、最新技術をパッケージデザインに取り込むことによるイノベーションです。パッケージに関連する技術には、人々の生活を大きく変える可能性があります。例えば、日本が強い国際競争力を有する素材分野では、環境にやさしい素材開発が進んでいます。こういった素材をいち早く取り入れ、人々の生活を変えていくことはパッケージデザインに課せられた使命でもあります。他にも AI の活用に可能性を感じますし、各種センサーの小型化やペーパー化などが進むにしたがって、IoT がパッケージに取り入れられていく可能性もあります。

　2つ目の視点は、イノベーションを目指すアイデアを可視化していくというデザインの役割です。イノベーションを起こそうとする商品やサービスの開発では、開発の早い段階でいったんアイデアをデザインにして可視化することが求められます。可視化することで開発チームの目標が明確になったり、

Part 3　新しい流れ

ターゲットのニーズをより深く理解できたりします。

特に、イノベーションを狙うような新規性の高いアイデアは、形にしてみないと開発チームが何をしたいのか、何をしていくべきかが分かりにくい場合が多いのです。ここまで説明してきたように、マーケティングプランやコンセプトが用意されて、そこからデザインがスタートするのが基本ですが、今はコンセプトをつくるためにデザインを活用するという役割も求められています。

3つ目の視点は、消費者の使い方からイノベーションを狙うという方法です。消費者の商品の使い方を丁寧に分析することにより、新しい使い方や商品開発のヒントを掘り下げていきます。

▶▶▶ パッケージデザインとイノベーションを考える3つの視点

**最新技術の取り込みによる
イノベーション**

環境に対応した新素材や AI、IoT などの技術を取り込み、人々の生活にイノベーションを起こす

**イノベーションを目指す
アイデアを可視化する役割**

新しい、今までにない革新的なアイデアを早期に可視化する、デザイン思考によるプロトタイピング（→ p.282）の役割

**使い方の分析から
新しい価値を見い出す**

消費者のパッケージの使い方を分析していくことで新しい商品の使い方や価値を生み出していく

02

新素材とパッケージデザイン

素材技術は人の生活をゆっくり大きく変えていく

　紙、金属、プラスチックなどパッケージを構成する素材は、これまで大きなイノベーションを何度も起こしてきました。中身の保存期間を大幅に長期化し、輸送を効率的にし、人々の生活を大きく変えました。缶詰の発明は数年を超える長期保存を可能にし、プラスチックはフィルムやパウチなど様々な形態が用意され、人々の生活を豊かにしています。

　ペットボトルの登場は、飲料を購入し、消費するという意味を大きく変えました。缶ジュースが主流だった頃、飲料を買うという行為はそもそもハレの日の行為に近く、ふたを開けたら飲み切るという飲用シーンがメインでした。ところが、ペットボトルが浸透してきたことで、飲みかけの飲料にふたをするという行為が生まれ、飲み切る必要がなくなりました。その結果、常温でもおいしく飲めるお茶や水、ニアウォーターのような市場が出来上がっていきます。飲料は遠足やお出かけの日に購入するものから、毎日購入する日常のものに変わりました。

　この変化は 40 ～ 50 年くらいかけて起きた話なので、若い方にはピンと来ないかもしれませんが、本当のイノベーションは、数十年かけて人々の生活を変えていき、多くの人々はその変化に気づかずに受容しているというものかもしれません。私は 1990 年に大学に入りました。新設の学部で、これからは世界中がネットワークでつながるコンピュータの時代だと教わりましたが、企業に就職してもしばらくはパソコンもメールもなく、実際にインターネットが大きく人の生活を変えるのには 30 年ほどかかりました。

　新素材をパッケージに導入する際には、その新しい容器が生み出すベネフィットや生活を継続的に意識することと同時に、全体のシステムやサイク

Part 3　新しい流れ

ルを考えることも欠かせません。エジソンは白熱電球を発明したときに、中央発電所と送電の仕組みを考えました。ペットボトルはパッケージへの採用と同時に、リサイクルの仕組みも考えられました。

今、人々の生活を便利にしてきたプラスチックが、環境問題により大きな変革を迫られています。新素材の技術や仕組みを積極的に取り込み、パッケージからイノベーションを起こしていくべき重要なタイミングに、私たちはいると感じます。

▶▶▶ 新素材とパッケージがつくるイノベーション

① 新素材が市場に導入され、新しいニーズはどう生まれるかを継続的に見て、適応しながら市場を創造することが大切

② 新商品だけでなく、新しいパッケージが社会全体として受け入れられる仕組みや社会システムの構想が求められる

例 ペットボトル

社会が需要できるシステムを構築
- 膨大なごみが出る問題を当初より予測
- リサイクルシステムを早期から確立し80%を超えるリサイクルを実現

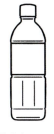

数十年かけてイノベーションが進む

新しく生まれるニーズへの適応と市場創造
- ふたをして長い時間をかけて飲むという習慣
- 温度にかかわらずおいしく飲める商品のニーズが生まれる

デザイン思考とパッケージデザイン

変わるデザイナーとデザインの役割

デザイン思考とはイノベーション実現のための製品開発方法のことで、米国のデザインコンサルティング会社 IDEO が提唱しました。IDEO の代表であるティム・ブラウン氏は、デザイン思考について、「人間を中心にしたデザインに基づくイノベーション活動であり、デザイナーでない人に対してデザイナーの道具を手渡し、その道具を幅広い問題解決に応用する」と主張しています。日本でも、デザイン思考はイノベーションを可能にするためのビジネスの１つの方法とする考え方が紹介され、その理解と活用が拡大してきています。

このデザイン思考は、企業の開発プロセスに新しい視点を導入してきました。デザイン思考のポイントは、「人間中心思考」「チーム（様々な経験を持つ人の集まり）による共創」「非線形プロセス」の３つです。インプットとしての観察、アイデアづくりのためのワークショップ、アイデアを可視化するアウトプットとしてのプロトタイピングという３つのステップで主に構築されており、これらの３つのステップを行ったり来たりしながら開発を進めるといった特徴があります。従来の開発プロセスは、決められたステップを一つひとつクリアして直線的に進むステージゲート型でしたが、デザイン思考の面白いところは、開発途中で発見したことを開発の前段階までさかのぼってもう一度考えて、より良い商品をつくっていこうとする点です。

デザイン思考は、パッケージとも密接に関わっています。１つは、主に容器開発に適しているという点です。観察とワークショップ、プロトタイピングを繰り返していくことで、今までにない新しい容器の開発がしやすくなります。もう１つは商品開発におけるコンセプト創造サポートの役割です。従

Part 3　新しい流れ

来は商品コンセプトが固まり、オリエンシートができてから制作に取り掛かりましたが、今は「コンセプトをつくるためにパッケージデザインをつくる」という役割が重視されています。デザイナーもデザインも、役割が変わりつつあります。

▶▶▶ デザイン思考とパッケージデザイン

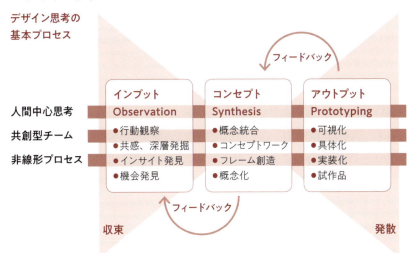

宮澤正憲著「デザイン思考でマーケティングは変わるか」
(「ハーバード・ビジネス・レビュー」2014年8月号 p82、ダイヤモンド社)

パッケージとデザイン思考の2つの接点

04

デザイン思考の進め方

観察、ワークショップ、プロトタイピングを繰り返す

　前項の図で紹介したように、デザイン思考の基本的な3つの考え方は「人間中心思考」「共創型チーム」「非線形プロセス」です。そしてこの3つの考え方を基にして具体的な進め方として、「**観察**」「**ワークショップ**」「**プロトタイピング**」を繰り返していきます。

　容器開発もしくはパッケージが登場する商品開発を念頭に、デザイン思考の進め方を紹介したいと思います。

　まず、観察においては、テーマ設定がとても重要です。どんな場面を見に行くのかで発見できることの質や量が異なります。ピンポイントで特定の商品の使い方をテーマにするより、テーマをやや広げると発見が多くなります。例えば、「洗剤の使い方」と「洗濯の一連の行為」とでは、後者のほうが時間はかかりますが発見は多くなるでしょう。全体を見ることで、使用者の目的やその商品・行為の文脈を理解することができるからです。p.267でも説明しましたが、観察の際には、違和感を大切にしましょう。「なぜ、こんなに不便そうなのか」「なぜ、こんなに何回も繰り返すのだろう」といった違和感をひも解いていくと、発見があることが多いのです。使用している人はそれが当たり前だと思っているので、不便だとは言いません。そこにチャンスがあります。

　次に、発見を持ち寄ってアイデアをつくっていくワークショップは、「私たちは何を発見したのか」という情報を整理して、解決すべき課題を絞り込んでいく時間と、絞り込んだ課題を「どう解決していくのか」を考える時間に分けます。発見したことを整理していくフェーズでは、観察に行けなかった人にも情報がきちんとインプットされるように、情報共有の時間をつくり

Part 3　新しい流れ

ましょう。撮ってきた写真や動画、インタビューの内容などの1次情報をしっかりメンバーで共有することで、内容の濃いワークショップを行うことができます。

　プロトタイピングでは、あまりつくり込む必要はありません。アイデアを分かりやすく共有することが目的ですから、そのアイデアの核となるものが伝わるレベルで十分です。そして、スピーディーに形にしてみることが大切です。プロトタイプができたら、それを開発チームで共有し、想定するユーザーに使ってもらい、また発見を繰り返していきます。繰り返していくことで、商品のアイデアやコンセプトが昇華されていくのがデザイン思考の特徴です。

▶▶▶ **デザイン思考の進め方**

ポイント

観察
- 観察のテーマを少し広めに設定して、利用者の真の目的や文脈の理解につなげる
- 「違和感」を大切に掘り下げて、発見に結びつける

ワークショップ
- 発見したことを共有することを大切にする
- 解決すべき課題を整理する時間と、課題を解決に向けて考える時間を分ける

プロトタイピング
- アイデアを分かりやすく共有することが目的
- つくり込みすぎない
- スピードが重要

プロトタイプとしてのパッケージデザイン

なぜプロトタイプをつくるのか

　デザイン思考のキーワードとしてよく登場する**プロトタイピング**ですが、従来の試作との違いは、制作するタイミングと完成度です。従来の試作は商品のコンセプトが出来上がって、開発の後半で行うことが多かったのですが、デザイン思考では出てきたアイデアをいったん見える形にします。完成度は低くてもよく、開発の早い段階で行うのがプロトタイピングです。プロトタイピングは「手で思考する」、あるいは「Build to Think=つくりながら考える」といわれている通り、コンセプトを練り上げていくための1つの手段です。ここが商品の完成段階をチェックする目的でつくられる従来の試作との違いです。

　プロトタイピングを行うことのメリットはいくつかありますが、1つ目は開発チームが何をゴールにしているのかが明確になる点です。開発チームが共有するゴールはプロトタイピングの成果物である**プロトタイプ**によって初めて可視化され、その結果それぞれが持つゴールイメージの差が明らかになります。2つ目は、想定するターゲットにプロトタイプを見てもらい、使ってもらうことで、改善点をたくさん発見できることです。文章でコンセプトを評価してもらうのと、プロトタイプで評価してもらうのでは、ターゲットからのフィードバックの質と量に大きな差が出ます。その結果として、早い段階で何をすべきか、何をすべきでないのかという開発に必要な情報、優先順位を手に入れることができるのです。

　このことをデザイン思考の提言者の1人でもあるIDEOのトム・ケリー氏は「早く、たくさん失敗する」と表現し、その重要さを説いています。この前進こそがアイデアを昇華させ、新しい魅力的な商品を完成させていく大

Part 3　新しい流れ

切なプロセスとなります。デザイン・イノベーション・ファーム、Takramの田川欣哉氏は、プロトタイピングには「創造のためのプロトタイピング」「改善のためのプロトタイピング」「コミュニケーションのためのプロトタイピング」の3つがあるとしています。目的によってプロトタイプの完成度や注力すべき点が違うので、注意してください。

▶▶▶ なぜプロトタイプをつくるのか

開発の初期段階でアイデアを可視化する ＝ **プロトタイピング**

プロトタイプ活用の3つのメリット

① 開発チームのゴールを明確にできる

② 想定ターゲットからの改善案を得ることができる

③ 開発商品の最も価値あることが何か、にフォーカスできる

初期段階で、何をすべきかを発見、共有していける
早い段階で失敗をたくさんすることができる

目的別の3つのプロトタイピングの存在

- **創造**のためのプロトタイピング
- **改善**のためのプロトタイピング
- **コミュニケーション**のためのプロトタイピング

第1章　イノベーション

ユーザーイノベーション

イノベーションのヒントはユーザーにあり

　イノベーションとパッケージの関係を考えるに当たって、素材やAIをはじめとする技術的視点と、ユーザーに寄り添いアイデアを素早く形にするデザイン思考のアプローチを紹介してきました。ここでは、**ユーザーイノベーション**という考え方を紹介したいと思います。これは名前の通り、ユーザーの使い方の中にイノベーションのヒントがあるという考え方です。イノベーションというと、通常、つくり手やサービスを提供する企業側による市場への働きかけのように感じますが、マサチューセッツ工科大学のエリック・フォン・ヒッペル教授は、使い手であるユーザーが商品やサービスを使っていく過程でイノベーションが発生すると主張します。

　実際にヘビーユーザーと呼ばれる人の中には、自分流に商品の使い方や商品そのものをアレンジしている例があります。そういったアレンジの中に、イノベーションのヒントが隠されていることがあるのです。代表的なものに、自転車があります。自転車愛好家の間で、一時期、オートバイのタイヤに付け替えて遊ぶという使い方が見られました。自転車のフレームを強化して、わざわざ重いバイクのタイヤに付け替えるのです。なぜかというと、頑丈にした自転車で森や林、山で遊ぶためです。ユーザーは自分なりのアレンジを施して自転車の楽しさを引き出していました。このユーザーの使い方から商品化したのがマウンテンバイクです。マウンテンバイクは今や自転車の中の代表的な商品になりました。

　こういったユーザーイノベーションの事例は、パッケージでは特に大切です。毎日多くのユーザーが使うパッケージは、メーカーが考えつかないような様々な使い方があったり、改造がされていたりすると考えられます。そこ

Part 3　新しい流れ

にイノベーションの大きなヒントがあるのです。P&Gや花王といった卓越したマーケティング力のある会社は、自社の商品がどのように使われているのかについて、熱心に研究しているといいます。

パッケージの代表的な例でいえば、「サランラップ」でしょう。サランラップはもともと弾丸を湿気から守るために軍で使われていたラップでした。それをある母親がピクニックにレタスを持っていくために使いました。これがきっかけで生まれたサランラップは、家庭用品として大きな市場を開拓しました。ちなみに、サランラップは、このレタス用にラップを最初に使ったサラさんとアンさんの2人の名前から命名されています。

▶▶▶ **ユーザーイノベーション**

ユーザーが商品やサービスを使っていく過程でイノベーションが発生している

ユーザーの使い方の中からイノベーションの種を発見していこう

例1 自転車
自転車が好きな人たちの間でオートバイのタイヤに付け替えて森や林の中で遊ぶという使い方を発見

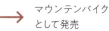
マウンテンバイクとして発売

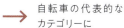
自転車の代表的なカテゴリーに

発見!

例2 パッケージ
軍事用に使われていたラップをピクニックのときにレタスを新鮮に維持するために使っている人を発見

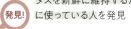
発見!

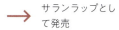
サランラップとして発売

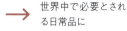
世界中で必要とされる日常品に

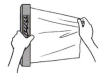

第1章 イノベーション

デザインドリブンイノベーション

イノベーションはデザインがリードする

　この章の最後にもう1つ、**デザインドリブンイノベーション**という考え方を紹介したいと思います。この考え方はミラノ工科大学のロベルト・ベルガンティ教授が提供したもので、名前の通りデザインがイノベーションをリードしていくという考え方です。

　例えば、「スターバックス」は従来のコーヒーショップにはない、オフィスでも家でもない第3のくつろぎの場所を提供しました。しかし、このコンセプトは、形になって初めて理解されます。デザインにはアイデアやコンセプトを形にすることで、消費者自身が気づいていなかったニーズや欲求を引き出す力があります。この力を活用してイノベーションを起こしていくのがデザインドリブンイノベーションです。

　洋服に合わせて着替えられる時計があったらどうだろうと問いかけられても、人々は想像することができません。「スウォッチ」というさまざまなバリエーションでデザインがされた時計を見せられて、そのアイデアや商品の素晴らしさに初めて気づき、「欲しい！」と思うのです。

　もう1つ、デザインドリブンイノベーションで大切なメッセージは、デザインは商品に「意味」を与える力を持っているという点です。意味の革新で商品は新しい価値を持つことになります。例えば、ろうそくはもともと暗い場所を明るくするものでしたが、電球やLEDの登場で、利便性でいえばその存在価値をなくしてしまいます。しかし、ろうそくはその明かりで人々の心を癒やすものとしての側面があり、ろうそくに香りを加えた商品は大ヒットしたといいます。つまり、ろうそくは暗闇を明るくするものから、人々の心を癒やすものとして意味を獲得したのです。

Part 3　新しい流れ

パッケージでいえば、「キットカット」がそうでしょう。手軽に食べられるチョコレートから、「きっと勝つ」を語呂合わせにした受験のお守りという意味に変えることで、日本一売れるチョコレートになりました。
　デザイン思考もデザインドリブンイノベーションも、イノベーションにおいてデザインが重要だという視点は共通しています。

▶▶ デザインドリブンイノベーション

> デザインがイノベーションをリードするという考え方

なぜか？

1. 人々はデザインされて初めてその価値を理解し、欲しい！と思う

2. デザインは商品やサービスに新しい"意味"を付与する力がある

例1 スターバックス
家でもオフィスでもない第3のくつろぎの場所 →

→ デザインされた店内を見て初めて理解し、行きたい！思う

PIXTA

例2 キットカット
おいしい食べやすいチョコレート →

→ 受験生のお守りとして製品の"意味"を変えることで大ヒットに

第1章　イノベーション

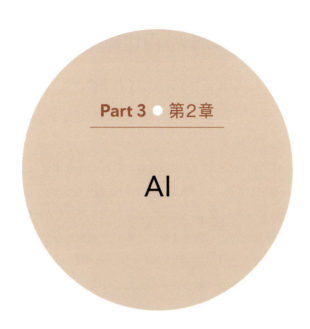

　最後のPart 3第2章は、パッケージデザインのつくり方を大きく変えるであろうAIについてです。2022年秋に登場した生成AIはパッケージデザインに限らず、仕事の進め方を大きく変えようとしています。

　この章では、生成AIとは何か、現在どういった種類があるのか、どんな使い方ができそうかについて紹介しています。

　また、3つの生成AIの特徴や、実際にパッケージデザインを生成した画像も登場します。生成AIが進化し、普及していくことで、パッケージデザインのつくり方やデザイナーの役割はどう変わっていくのでしょうか。

生成 AI の仕組み

なぜデザインがつくれるのか

2022 年の秋に、次々と**生成 AI** が登場し、話題になりました。そして、それは話題になっただけでなく、多くの人々の仕事を変えようとしています。例えば、生成 AI により、文章（指示）を入力するだけでデザインが出力できるようになりました。これは今までになかった画期的なことです。

では、なぜ文章を入力するだけでデザインが出てくるのか、この生成 AI の仕組みについてできるだけ簡単に紹介したいと思います。

生成 AI は、大量の画像を学習しています。使う生成 AI の種類によってその量は異なりますが、数億枚から数十億枚といわれており、ネット上にある多くの画像を学んでいます。画像をコンピュータに学ばせるときには、画像の説明（情報）も一緒に学ばせます。例えば、猫の画像があったとき、「猫」という説明を一緒に学ばせます。そうすることで、生成 AI はこの画像が猫だと学ぶわけです。この説明のことを**アノテーション**といいます。アノテーションは 1 つの画像に 1 つというわけではなく、複数の情報がつけられます。

また、生成 AI に入力された文章（指示）を**プロンプト**といいますが、プロンプトが指す方向は、ベクトル化され、数値に置き換えられます。画像も同様にベクトル化された数値になります。入力された文章の方向と作成された画像の方向が近づくように、何度も画像の生成と調整が繰り返されてデザインが出来上がっていくのです。この仕組みを大まかに知っておくと、生成 AI で何ができて何ができないかを理解することができます。生成 AI を開発しているのはイギリスやアメリカの企業が多いため、欧米の画像の学習が多いようです。元の学習画像によって影響されるため、日本特有のパッケージデザインをつくることは不得意です。例えば、日本特有の味噌やせんべい

よりも、世界中にあるビールの方が得意ですし、ローカル色の薄いシャンプーなどはさらに得意です。しかし、生成AIはすごいスピードで進化していくので、今までできなかったことがあっという間にできるようになる可能性もあります。常に何ができるかの情報収集を続けることが大切です。

▶▶▶ 生成AIの仕組み

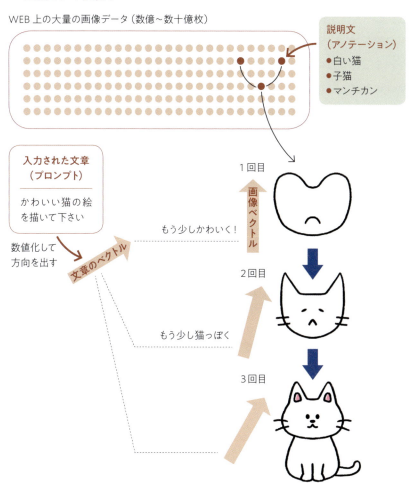

02

生成 AI を使ったデザイン開発

パッケージデザイン分野でも活用が進む

生成 AI を使ったデザイン開発はすでに様々な企業で試験的に行われており、そのスピードは加速しています。2023 年の 9 月にはいち早く伊藤園「お〜いお茶 カテキン緑茶」で生成 AI を活用したデザイン開発が行われ、発売されました。このプロジェクトでは、お茶のデザインを学んだ生成 AI が商品コンセプトに対応したデザインをいくつもつくり出し、そのデザインを元にして、デザイナーがデザインを完成させていきました。

このとき、生成 AI が作成するデザインそのものは、アイデアを広げるために活用されました。この商品にどんなデザインの可能性があるかを、ブランドマネージャーとデザイナーが生成 AI でつくったデザインを使って議論をするという新しい進め方です。生成 AI がつくり出したデザインの中に茶葉の息吹を連想させるものがあり、生命力や未来感といったこの商品の持つイメージに近いということで、デザイナーの手によってデザインが完成されていきました。

このように、現段階では、アイデアを広げるためのツールとして生成 AI が活用されることが多いようです。アイデアが他のアイデアの組み合わせによって生まれるものだとすれば、世界中の情報を組み合わせることができる生成 AI には、1 人の人間が思いつかなかったようなアイデアが出てくることがよくあります。ブランドマネージャーとデザイナーと生成 AI がチームを組むことで、魅力的なデザインをつくり出すプロセスに注目が集まっています。

生成 AI を使ったデザインで注意しなければならないのが、そのまま生成 AI がつくり出したデザインを使わないということです。生成 AI がつくり

Part 3 新しい流れ

出すデザインの中には著作権の問題をクリアしているとされているものもありますが、その成り立ちから考えると、完全に著作権の問題をクリアすることは困難だと思われます。生成AIがつくり出したデザインを参考にしながら、デザイナーがつくり直す手順を踏むことを勧めます。

▶▶▶ 生成AIを使ったパッケージデザインの事例

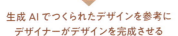

『Crepo パッケージデザインAI』の生成AIのパイロット版を活用した伊藤園「お〜いお茶 カテキン緑茶」2023年9月4日に発売

03

言葉の生成

ネーミングとキャッチコピー

　生成AIが生成する対象は、言葉、画像、動画と段階的に広がっています。また、グラフやデータ分析、あるいはストックされた情報から最適な情報をピックアップするというデータベース検索としての使い方などもあります。

　パッケージデザインをつくるにあたって、**ネーミングやキャッチコピー**はとても重要な意味を持っています。商品の価値を短く正確に伝えるとともに、商品そのものが持つ情緒的なイメージを表現することができるからです。ネーミングやキャッチコピーは一から考えるとそれなりの時間がかかりますが、例えば、OpenAI社が提供しているChatGPTという生成AIを活用することで、簡単に作成することができます。

　商品のコンセプトを入力し、商品の持つイメージ、ひらがな・カタカナ・英語といった言葉のタイプ、文字数、案数などを入力すると、数秒でネーミングやキャッチコピーを作成してくれます。生成AIは、指示するだけで次々と生み出してくれますが、それをそのまま使うというよりも、新しい改善方向を追加しながら発展させていくという使い方がとても有効です。ネーミングをつくりながらネーミングを考える、キャッチコピーをつくりながらキャッチコピーを考えるというつくり方ができるところが、生成AIならではの使い方といえるでしょう。場合によっては、ネーミングやキャッチコピーをつくる過程で、コンセプトの新しい魅力を発見することもあります。そういった場合は、コンセプトに立ち戻り、コンセプトそのものをブラッシュアップすることも考えられます。

　今まで自分1人で悩んでいたことを、生成AIを壁打ち相手にして自分のアイデアを膨らませていくことができる点も生成AIの魅力です。

Part 3　新しい流れ

一方で、同じプロンプトで言葉を生成しようと思っても、やり続けると同じようなものが出てきたり、やたら長いものが出てきたりと限界があります。そうなる前に、少しずつプロンプトを変えていきましょう。

　なお、生成 AI には現段階では知的財産のチェック機能はありませんので、採用を検討したい場合には、従来通り知的財産のチェックを進めましょう。

▶▶▶ 生成 AI によるネーミングの例

プロンプト

> シチリア島産のこのオリーブオイルはフルーティで青草のようなフレッシュな香りがします。野菜料理や魚介料理に最適なオリーブオイルです
> この商品のネーミングを5個考えてください。料理の幅が広がる、イタリアらしいネーミングをお願いします。

 ChatGPT

シチリア島産のオリーブオイルにふさわしい、料理の幅が広がるイタリアらしいネーミングを考えてみました。

1. **VerdeSicilia** -「シチリアの緑」を意味し、フルーティで青草の香りを強調。
2. **Freschezza del Mare** -「海の新鮮さ」を意味し、魚介料理に最適であることを表現。
3. **Giardino di Ulivi** -「オリーブの庭」を意味し、シチリア島の自然な美しさを象徴。
4. **Aura Siciliana** -「シチリアの風」を意味し、この地域特有のフレッシュな風味を強調。
5. **Sapore di Sole** -「太陽の味」を意味し、温かく光溢れるシチリアの太陽を表現。

イタリア語で出てきてしまったので、日本語で再依頼をします

プロンプト

 You
日本語でも商品名を考えてみてください

 ChatGPT
もちろんです。シチリア島産のオリーブオイルにぴったりな、日本語での商品名も考えてみました。

1. **シチリアン・ヴェルデ** -「シチリアの緑」を意味し、フルーティーで青草の香りを表現。
2. **海風のささやき** - シチリア島の海辺で感じるさわやかな風と魚介料理の相性をイメージ。
3. **太陽の庭園** - シチリア島の太陽が育むオリーブの木々を連想させる。
4. **シチリアの風光** - 地中海の自然美とフレッシュな風味を強調。
5. **ソーレ・ディ・シチリア** -「シチリアの太陽」、太陽溢れる地中海の味わいを表す。

絵の生成 ❶
プロンプトの基本構成

基本情報と表現情報

　生成 AI には様々な種類のものがあります。2024 年 7 月時点で代表的なものだけでも 5 つ以上ありますし、それぞれがまたアレンジした生成 AI を提供しています。生成 AI の種類はユーザーのニーズに合わせて増え続けるでしょうから、自分たちの目的に合った生成 AI を使うことが重要になります。ここでは、生成 AI を活用するときの基本的なプロンプトについて紹介します。

　生成 AI は、前述のとおり、入力されたプロンプトによりデザインを生成します。パッケージデザインをつくるときに重要なポイントは 2 つです。

　1 つは何を作成したいのかの**基本情報**を定義することです。カテゴリー、容器サイズ、容器素材、そしてパッケージデザインをつくりたいという 4 つの情報が基本情報になります。例えば、「350ml のアルミ缶のビールのパッケージデザインを描いてください」「容量が 400ml の透明のプラスチックでできたシャンプーのボトルデザインを描いてください」といった情報です。

　もう 1 つは**表現情報**です。表現情報は、基本情報に追記するもので、具体的にどういった表現がしたいかを記載していきます。「黒ビールのデザインをお願いします。ブランド名は SILVER BLACK、ロゴはシルバー、背景は黒色でお願いします。ブランドのキャラクターとして…」といった具合に、具体的な表現を指示していきます。ここで重要なのは、かわいい、おいしそう、高級感がある、洗練されているというようなイメージ情報に頼らないことです。なぜかというと、生成 AI は事前に登録された画像情報を入力されたプロンプトに合うように再構成する仕組みですが、画像を登録する際には様々なキーワードと共に画像が登録されています。そこには黒ビール、

Part 3　新しい流れ

350ml、アルミ缶といった事実は登録しやすいのですが、高級そう、かわいいといったキーワードは主観的なものなので、登録そのものが少ない可能性があります。例えば、高級そうというキーワードの場合、誰にとって高級なのかなど、具体的に説明することは難しいでしょう。現在の生成 AI では、こういった主観的なキーワードよりも、具体的な単語を入力していく方が、反応しやすい仕組みになっています。

▶▶▶ **パッケージデザインをつくるときのプロンプトの考え方**

基本情報 デザインをつくるときの 基本となる情報		**表現情報** デザインの表現に関わる 具体的な情報
●カテゴリー ●サイズ ●パッケージ素材 ●パッケージデザインを描くという指示 など	**+**	●ベース色 ●商品名 ●イラスト ●写真 など

プロンプト例

> **基本情報**：下記のような 350ml のアルミ缶のビールのパッケージデザインを描いてください

> **表現情報**：黒ビールのデザインをお願いします。ブランド名は SILVER BLACK、ロゴはシルバー、背景は黒色でお願いします。ブランドのキャラクターとしてシベリアンハスキーのリアルイラストを中央に配置してください。5つ星ホテルのロビーに似合うようなパッケージデザインを描いてください

※表現情報には具体的な表現に関わる情報を記載し、イメージワード（高級そう、洗練されている、かわいい、おいしそうなど）には頼らない方が、目的に合ったデザインが生成される。

第2章　AI

05

絵の生成 ❷
偶然性によるプロンプトの進化

偶然の出会いを楽しみながら進化させる

　生成 AI は、**プロンプト**を入力することで画像が生成される仕組みですが、1 回の入力で理想的なデザインが完成することはまずありません。仮に理想的なデザインが完成したとしても、さらにプロンプトを追加したり改良したりしながら、生成の旅を楽しむことがポイントです。予想しなかったようなデザインに出会うこともありますし、魅力的な表現に出会うこともあります。この出会いこそが生成 AI ならではの面白さだと思います。

　まずは、基本情報と表現情報で構成されたプロンプトを入力します。生成 AI のタイプによって 1 画像しか生成されないものもあれば、複数画像が生成されるものもあります。生成 AI にはもともとアルゴリズムに偶発性が内包されていますので、同じプロンプトを入れても毎回違うデザインが生成されます。いいデザインは保存しておき、様々なデザインを試してみましょう。

　次に、プロンプトを進化させて、複数回生成を繰り返してみましょう。形状を変えてみる、具体的なイラストや写真など表現の方法を変えてみる、場合によってはイメージを入力してもいいと思います。生成 AI の場合、学習データの収集工程から考えると「高級そう」、「かわいい」といったようなイメージは必ずしも上手に反映されないことも多いですが、たまに面白い画像やイメージに近いものが生成されることもあります。

　色々な偶然性を期待しながらプロンプトを少しずつ進化させることで、新しいデザインの可能性を広げたり、完成度を高めたりすることができます。1 回数秒でデザインが生成されるわけですから、色々なプロンプトでトライアンドエラーを重ねながらイメージに近いデザインを完成させていきましょう。最初はうまくできなくても、何十案、何百案と生成していく中で魅力的

Part 3　新しい流れ

なデザインに遭遇する確率が高まります。下記は、ChatGPT を使ったオリーブオイルのパッケージデザインのプロンプトの進化を例示したものです。

▶▶▶ ChatGPT を使ったパッケージデザインのプロンプトの進化

オリーブオイルのパッケージデザインのプロンプト

> 瓶のオリーブオイルのデザインをお願いします。シチリア島産のこのオリーブオイルはフルーティで青草のようなフレッシュな香りがします。野菜料理や魚介料理に最適なオリーブオイルです。商品名は VerdeSicilia です

より、シンプルで洗練されたデザインにしたい

新しいオリーブオイルのパッケージデザインのプロンプト

> 細長い瓶に入ったオリーブオイルのパッケージデザインを描いてください。商品名は VerdeSicilia です。瓶に直接文字だけでデザインする形で、できるだけシンプルなグラフィックをお願いします。シチリア島のイラストを1色で描いてアイコンとしてのせてください。

06

生成 AI のタイプ

表現力×アレンジ力

パッケージデザインを作成するにあたり、2024 年現在で代表的な5つの生成 AI の特徴について紹介します。多くの生成 AI に触れることで、自分の表現や目的に合ったものを選ぶことが大事です。

1. ChatGPT（DALL・E）

OpenAI 社が公開したテキストベースの対話 AI で、人間のような対話が可能です。最も使いやすく、初心者には最適です。自然言語理解と生成に強みがあり、他の生成 AI のプロンプトをこの ChatGPT で作成することも可能です。画像表現は、ややアメリカ風のイラストタッチが多いようです。

2. Midjourney

Midjourney 研究所が公開した、写真のような表現や芸術的な表現に優れた生成 AI です。細部まで表現することが得意です。ボトルデザイン、シェイプデザインなどパッケージの形状をデザインするのに向いています。様々なアレンジが可能なため、プロ向けのツールに位置づけられます。

3. Stable Diffusion

Stability AI 社が公開した、テキストから画像を生成することが可能な AI で、最大の特徴はオープンソースであることです。カスタマイズや改良が容易なため、多くの開発者やアーティストに利用されています。自社向けの生成 AI 開発に向いています。

4. Gemini

Google 社が公開した、言語、画像、音声、動画など幅広い生成物を対象にした生成 AI で、動画編集に強いのが特徴です。パッケージデザイン生成には学習データがやや少ない感じがしますが、今後の進化が期待できます。

Part 3　新しい流れ

5. Firefly

　Adobe社が公開したテキスト生成AIです。生成される画像の解像度が高く、Adobe社のアプリであるIllustratorやPhotoshopとの操作性が優れているため、デザイナーには扱いやすいという特徴があります。

　上記5つの特徴をマップにすると、表現が写実的かイラスト的か、表現についてアレンジが可能かどうか、といった軸で分けることができます。下のマップの縦軸は**表現力**を示しています。生成AIは学習したデータによって表現が変わります。解像度の高い画像を多く学んでいるMidjourneyは、写真のような表現が得意です。Stable Diffusionなども最近解像度が高まってきています。一方で、どれくらい細かく表現をコントロールできるのかを示すのが横軸の**アレンジ力**です。Midjourneyでは、光の当て方や縦横比などかなり細かく指定することが可能です。アレンジ幅が広いということは初心者にはやや難しいという側面もあります。これらを考慮しながら、自分のスキルに合わせて段階的に活用するとよいでしょう。

▶▶▶ 生成AIのポジショニングマップ

縦軸：表現力→より繊細で高解像度の写実的な表現ができるか
横軸：アレンジ力→技術的な表現の細かい指示ができるか

07

生成 AI の種類 ❶
ChatGPT（DALL・E3）

最も使いやすい生成 AI

　ChatGPT は、2022 年の秋にリリースされ、話題になりましたが、その後も進化を続けています。テキストを入力するとテキストを返してくれる言語系の生成 AI からスタートし、今はテキストを入力すると画像を生成してくれる DALL・E3（ダリスリー）が実装されています。ChatGPT（有料版）で「絵を描いてください」と入力すると、AI 側で判断して画像を生成する DALL・E3 を自動で起動してくれるため、初心者にとても使いやすい生成 AI になっています。また日本語入力に対応しているため、初心者はここから入ることを勧めます。

　OpenAI 社は現在高いレベルの動画の生成・編集が可能な Sora も開発しています。現在はまだ一般の人が自由に使えるようにはなっていませんが、いずれ多くの人がテキスト入力によって動画を作成できる環境が整っていくと思います。どんなテキストを入力するとどのような動画が生成できるのかを OpenAI 社の WEB サイトで見ることができます。p.296 で、生成 AI のプロンプトでは、基本情報と表現情報に分け、イメージに頼らずに具体的な表現を入力することの大切さを説明しました。ここでは、ビールのプロンプトとオリーブオイルのプロンプトで生成した結果を比較したいと思います。

　ビールのプロンプトは、基本情報と表現情報に分けて具体的に記載しているので、指示に近い形のデザインが出てきます。一方で、オリーブオイルのプロンプトは、商品説明が中心のプロンプトになっています。それでもデザインとして生成されるのは、ChatGPT が足りないプロンプトを補った上で指示を出してくれているからです。ChatGPT が初心者にとても扱いやすいのは、このプロンプト補助機能にあります。出力された画像に補足・強化さ

Part 3　新しい流れ

れたプロンプトが英語で記載されています。また、英語の商品名を入力するときちんと表示してくれているのも ChatGPT ならではです。一方で、ChatGPT の表現テイストはややイラスト的になっている点も特徴的です。今後この表現タイプの幅も広がっていくと考えられます。

▶▶▶ ChatGPT を利用したパッケージデザインの例

ビールのパッケージデザインのプロンプト

> 黒ビールのデザインをお願いします。
> 350ml のアルミ缶のビールです。
> ブランド名は "SILVER BLACK" という名前で
> ブランドロゴはシルバーでお願いします。
> ブランドのキャラクターとしてシベリアンハスキーの
> イラストを中央に配置してください。
> 5つ星ホテルのロビーに似合うような
> パッケージデザインを描いてください。
>
> Here is the design for the 350ml aluminum beer can for the brand "SILVER BLACK".
> The can features a sophisticated black background with a striking silver logo and an elegant illustration of a Siberian Husky at the center.
> The design is luxurious, suitable for display in a five-star hotel lobby.
> Please take a look at the image above.

オリーブオイルのパッケージデザインのプロンプト

> シチリア島産のこのオリーブオイルはフルーティで
> 青草のようなフレッシュな香りがします。
> 野菜料理や魚介料理に最適なオリーブオイルです。
> 商品名は VerdeSicilia です
>
> Here is the design for the olive oil bottle label named 'VerdeSicilia', produced in Sicily. The label features elements that convey the fruity and fresh grass-like scent of the oil, with a design that includes olives, Sicilian landscapes, and earthy colors, making it ideal for vegetable and seafood dishes. Please take a look at the image above.

08

生成 AI の種類 ❷
Midjourney

高い品質が期待できる生成 AI

Midjourney の特徴は、その表現の解像度の高さにあります。とても繊細で写真のようなデザインを生成することができます。またアーティスティックな表現も得意です。パッケージデザインの細かい表現や容器形状のデザインを生成、検討するときに効果を発揮します。

Midjourney は Discord というアメリカで登場したボイスチャットのプラットフォームを利用してサービスが提供されています。サーバーを用いて他のユーザーとオープンな形で情報やデザインを共有します。他のユーザーのデザインも見ることができますし、自分のデザインを公開することも可能なので、守秘義務情報の多いパッケージデザインで使う際には注意する必要があります。使い方は、まず自分の好きな部屋（サーバー）に入ってプロンプトを入力し、作業が完了するとメッセージが届くので、そのメッセージでアウトプットを確認して、表示された場所に移動するというプロセスです。言葉で書くと少し複雑ですが、慣れてしまえばこの流れ自体は難しくありません。

一度のデザイン生成依頼で、4つのデザインが生成されます。4つのデザインの中で気に入ったものを選んで、さらに新たなバリエーションを4つつくることができます。これを繰り返すことで、同じプロンプトから4の倍数でデザインを広げていくことができます。気に入ったデザインは拡大して保存をしておくことが可能です。

Midjourney は高い品質のデザインを完成させることができますが、入力できるプロンプトは英語のみであり、様々なタイプが存在するので、使いこなすには少し時間がかかるかもしれません。しかし、例えば、表示してほしくないイメージをあらかじめ入力したり、画像の縦横比を指定したり、画風

Part 3 　新しい流れ

やスタイルを指定することが可能で使い勝手がよいので、デザイナーであれば1つの生成ツールとして使えるようになっておくことを勧めます。下記は、前項で使用したビールパッケージのプロンプトを利用した生成例です。

▶▶▶ Midjourney を利用したビールのパッケージデザイン例

元の画像をベースに
バリエーションを
つくることが可能

ビンテージテイストを指定して
生成されたパッケージデザイン

ポップアートテイストを指定して
生成されたパッケージデザイン

09

生成 AI の種類 ❸
Stable Diffusion

ファインチューニングができる生成 AI

Stable Diffusion は、イギリスに拠点を置く AI 研究組織である Stability AI 社によって開発された生成 AI です。テキストから画像を生成するための AI モデルという点では前述の ChatGPT や Midjourney と同じです。他の生成 AI との最も大きい違いはソースが公開されている（オープンソース）という点です。ソースが公開されているということは、世界中の人たちが自由にカスタマイズできるということです。もともと AI のプログラムは互いに情報をオープンにしつつ、分からないところを助け合いながら進化させるという相互扶助的な精神が根付いています。GitHub に代表されるようなプログラムソースを共有する大規模なプラットフォームが用意され、ユーザー同士で情報を交換しながら進化させる環境とマインドがセットになって進化を遂げてきました。

Stable Diffusion は生成 AI の中で最もそういった精神が引き継がれているオープンプラットフォーム型の生成 AI です。そのため、様々なユーザーが参加して自由にカスタマイズし、発展させています。このカスタマイズ機能を使うことで、ユーザーオリジナルの生成 AI に発展させていくことができるのです。

今後、各社が生成 AI を使うようになると、自社向けのオリジナリティの高い、自社の競争優位となるような生成 AI を開発、カスタマイズしていく競争が始まると思われます。このときに Stable Diffusion は大きな力を発揮します。例えば、パッケージデザインの生成を考えたとき、自社ブランドのデザインがしっかりと反映される生成 AI をつくるとしたら、Stable Diffusion をカスタマイズするのが一番近道です。コカ・コーラのような世

Part 3　新しい流れ

界的に超有名なデザインに限れば、"コカ・コーラ"と入力すればパッケージデザインにロゴが出てきますが、そういったブランドはごく一部です。これはどの生成AIでも同じ状況です。しかし、Stable Diffusionをカスタマイズすることで、自社のブランド表現を取り込んだ上で生成をしてくれるようになります。下記の例は、FU-JINという架空のビールのブランド特徴を、プラグでファインチューニングしたStable Diffusionで作成したデザイン画像です。

▶▶▶ ファインチューニングしたStabel Diffusionで作成したデザイン例

プロンプト

> 立ち上がる竜巻のような迫力のある白煙が描かれたFU-JINの黒ビール

生成 AI がもたらす創造性

生成 AI がアイデアのきっかけをもたらす

　心理学や認知科学など幅広い分野で**創造性**の研究がされていますが、その多くが既存のアイデアの組み合わせから新しいアイデアが生まれることを指摘しています。新しいアイデアの正体が既存のアイデアの組み合わせであるなら、生成 AI は、膨大な WEB 上のアイデアの組み合わせを無限にかつスピーディにつくり出す仕組みですから、生成されたデザインには新しい創造性が含まれているものが存在するに違いありません。

　2024 年の「マーケティングジャーナル」に、私の書いた生成 AI と創造性に関する論文が掲載されましたが、その中でいくつかの実験を試みた結果、「生成 AI は創造性に寄与する」という結果が得られています。実験では生成 AI を使ったデザインと、そうでないデザインを使って比較をしてみました。生成 AI を使って作成したデザインの中には創造性が高いと評価されるものが含まれることが検証されています。もちろん生成 AI を使わないデザインの中にも創造性の高いと評価されたものはあるのですが、特徴的なのは、圧倒的に短い時間でデザインが出来上がることです。この圧倒的な速さでデザインを生み出す力は、デザインの初期の検討段階でブレインストーミングするときにとても有効です。例えば、「ライオンのイラストを入れてみたらどんな感じになるだろう」といった意見が出れば、その場でライオンのイラストの入ったデザインを生成してその可能性を検討してみればいいのです。実験の結果からもう 1 つ分かったことは、生成 AI の創造性への貢献度合いはベテランよりも若手がその恩恵を受けそうだということです。経験の浅いデザイナーは生成 AI を積極的に活用することで、よりアイデアが浮かびやすくなると考えられます。

Part 3　新しい流れ

AIというと、とかく業務効率を向上させるコスト面が注目されがちですが、生成AIを活用してアイデアを膨らませていくという新しいデザインの流れが始まっています。従来はコンセプトを表現するのがデザインの役割でしたが、生成AIを使うことで、コンセプトそのものを昇華させるようなデザインとコンセプトの相互作用も期待できるかもしれません。

▶▶▶ 生成AIを使った創造性の実験

デザイン歴5年未満		デザイン歴5年～10年		デザイン歴10年以上	
V	K	R	H	U	J
AI活用あり					
Q	G	P	F	T	I
AI活用あり					

① 生成AIを活用したデザインに創造的だと見られるデザインが含まれている
② 若手の方が生成AIによる創造性寄与を感じている

生成 AI がもたらす効率性

継続的に情報を集め、使い、未来を想像する

　生成 AI には、創造性をサポートする価値と**効率性**をサポートする価値の
2 つがあると考えられます。企業においては、創造性への寄与よりも目に見
える効率性やコストダウンへの寄与の方が分かりやすいため、生成 AI を活
用して業務効率を高めたいという要望をよく耳にします。確かにパッケージ
デザインの業務は、創造性にあふれる業務だけというわけにはいきません。
実務に携わる多くの方が経験される通り、業務にはかなりの作業的な内容が
含まれています。それはパッケージデザインの役割が正確な情報を効率よく、
正確に消費者に届ける「商品」と一体だからだと思います。

　現実的には、何が創造的業務で何が作業的業務かといった明確な線引きは
ありません。個人の主観によって大きく異なる面もあります。いずれにして
も、生成 AI は今後広い範囲で作業的業務をサポートするツールになること
は間違いありません。

　現段階では効率性を高めるものは始まったばかりです。ここでは、一般的
にパッケージデザインを商品にしていく過程で存在する作業的業務に対し
て、生成 AI がサポートする近未来について考えたいと思います。校正やデ
ザイン評価、部分的な修正などすでにサービスが提供されているものもあれ
ば、現段階では技術的な難易度が高いものも存在します。また、技術的には
必ずしも生成 AI だけではなく、従来の技術も幅広く活用されながら、様々
なサポートツールが誕生していくと考えられます。大切なことは、新しい生
成 AI サービスの情報を常に取り入れ、試用してみることです。そうするこ
とで、業務プロセスをどう改善できる可能性があるのか、現在できることが
限定されていたとしても、実際に使うことで今後どの程度のことができるよ

Part 3　新しい流れ

うになるかを体感で予測することができるようになります。「この程度か」
と言っている間に技術が進化して、できることが一気に広がるのが生成 AI
の世界です。ぜひ継続的に情報収集をしてみてください。

▶▶▶ 今後生成 AI 技術によりサポートが期待される分野

① 校正
文字校正などはサービス化されており、今後技術的な進歩が期待できる
今後校正テーマや各社の校正ルールに対応した AI が期待されている

② プレゼンデータから入稿データへの変換
一括表示などの入稿パターンが限定されているパターンは AI サポートがやりやすい

③ サイズ変更
様々なサイズとデザインバランスが求められるので、質の高いサイズ変更 AI は難易度が高い

④ 切り抜きや写真の加工
すでに Firefly などで実現
さらなる進化が期待できる分野

⑤ デザインバリエーションの生成
既存の生成 AI を活用することで一部可能だが質の高いデザインバリエーションは難易度が高い

⑥ 修正指示の反映
既存の生成 AI を活用することで一部可能だが質の高いデザイン修正は難易度が高い
修正指示のタイプによって切り分けするプログラムが必要

⑦ デザインの評価
大量の消費者調査などを学習した生成 AI がすでに活用されている

第2章 AI

12

生成 AI を活用したデザイン開発の流れ

アイディエーションから入稿まで

　デザイン開発プロセス全体を見たときに、どういったところで生成 AI を活用することができるのかを右ページの図にまとめてみました。今後、より多くの生成 AI サービスが誕生し、デザイナーの作業をサポートしてくれるようになるに違いありません。デザイン開発の作業を創造的業務と作業的業務に分けた上で、現在の生成 AI がどのようなプロセスで使えるのか、またどのような価値を提供するのかを考えてみたいと思います。

　ここでは、プロセスを単純化するために業務を6つに分けてみました。

　1つ目は、アイデアを考えるという段階です。ここではオリエンシートを元にどのようなデザインの可能性があるかを考えるプロセス（**アイディエーション**）です。各種生成 AI を活用しながらアイデアの幅を広げていきます。生成 AI は壁打ちツールであるとも言われていますが、1人で頭の中だけで考えるよりも、生成 AI と対話しながらの方がアイデアを広げていくことができるかと思います。

　2つ目は、**ラフデザイン**の段階です。ここでは生成 AI を活用することで、すでに最初のアイデアを考える段階と一体化しているかもしれません。今後自社のブランドに対応してファインチューニング（FT）された生成 AI などが力を発揮していくと考えられます。

　3つ目の**デザインプレ**に向けては、企業のロゴやコピーなど細部を完成させていきますが、ここでは、すでにリリースされている Adobe 社の Firefly などがすでに作業効率を大幅に高めてくれています。この作業は創造的なのか作業的なのか分類に迷うところです。

　4つ目は**デザイン評価**です。消費者視点、ブランド視点などいくつかのデ

Part 3　新しい流れ

ザイン評価視点がありますが、消費者視点では、大量の調査データを学習した評価AIを活用することにより数秒でデザイン評価を行うことができます。

5つ目の**デザイン修正**は、現在の生成AIでは大まかなラフデザインしかできないので、修正表現のアイデアの参考としての活用になりますが、今後作業的業務をサポートしてくれる生成AIも登場することでしょう。

6つ目の**入稿**においても、現在では校正をサポートしてくれる生成AIが大変便利ですが、入稿作業そのものに特化した生成AIの登場も期待されます。

▶▶▶ 生成AIを活用したデザイン開発の流れ

生成 AI と著作権

生成 AI の画像は使っていいのか

　生成 AI の画像は結局使っていいのか？という質問をよくされます。結論から言えば、現段階では「デザイナーが、生成 AI によって作成された画像を参考につくり直す」ことを勧めます。なぜかと言えば、現段階では生成AI と知的財産権、特に**著作権**の問題が整理されていないからです。

　日本の法律では、WEB 上の画像などを学習データとして活用することは問題ないとされています。これはかなり画期的で明確な方針です。しかしAI で生成された画像を利用する場合には、従来の知的財産法を遵守する形で進めることが必要とされています。

　商標法や意匠法など他社の権利を侵害しないようにチェックしながらデザインの採択や利用をしていくという流れは、従来と同じです。問題になるのは「著作権」です。商標権や意匠権は登録制なので、登録されたものと比較することが可能ですが、著作物は自然に発生するというあいまいさがあります。著作物の定義は「思想又は感情を創作的に表現したものであつて、文芸、学術、美術又は音楽の範囲に属するもの」となっていますが、対象となるものが著作物なのかどうかは、極論を言えば裁判をしなければ分かりません。生成 AI の中には商業利用ができるとしているものもありますが、学習データに他者の著作物がなかったとしても、そのかけ合わせによって生成されたものが誰かの著作物に類似しないことを保証するのは、その生成過程から考えるとかなり難しいのではないかと感じます。

　したがって、現実的には生成されたデザインとそのデザインを構成する要素（イラストや写真など）を Google 等検索エンジンの画像検索にかけ、類似のものがなければ、生成された画像を参考にデザイナーが作成するという

Part 3　新しい流れ

プロセスを勧めます。例えば、裁判になったときに Google の画像検索に出て来ないような画像について、制作者が意図的に似せることは不可能だと主張できるからです。この点を専門的には「**依拠性**」と言います。

今後、デジタル時代に合わせた技術的な解決方法やガイドラインの登場を待ちたいと思います。安心して生成 AI で作成されたものを商業利用できる環境が数年で整うことでしょう。

▶▶▶ 生成 AI でつくられた画像をそのまま使っていいか

日本の法律で認められていることと求められること

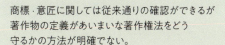

- 学習データとしての著作物の活用は問題ない
- AI で生成された画像を利用するときには従来の知的財産法を遵守することが求められる

商標・意匠に関しては従来通りの確認ができるが著作物の定義があいまいな著作権法をどう守るかの方法が明確でない。

生成 AI でつくられた画像が著作物を侵害していないとは現段階では言い切れない

現実的にできること

- Google の画像検索で、デザインとデザインを構成する要素を確認し、類似するものがないかをチェック
- その上でデザイナーが生成された画像を参考にしてつくり直すことがお勧め。

今後期待したいこと

- デジタル時代に合った著作権法の運用、判断のガイドラインの登場により安心して AI の生成画像が商業利用ができる環境の整備
- 実在しないメタ空間において表現されたデザインの取り扱いルール

参考資料「AI と著作権」文化庁　https://www.bunka.go.jp/seisaku/chosakuken/pdf/93903601_01.pdf

14

デザイナーの仕事はどう変わるか

大切な3つの視点

　生成 AI の登場で、デザイナーの定義やデザインをするという行為はどのように変わっていくのでしょうか。デザイナーがいなくなることはありませんが、デザインとは何かが問われ、その機能とそれを担う人の関係が複雑に再構築される流れは避けられないと感じます。最後に、生成 AI の登場でデザインという仕事がどのように変わるかについて、3つの視点で考えたいと思います。

1．可遡性（相互作用）

　可遡性とは「プロセスを戻る」という意味です。コンセプトが完成してからデザインをつくるという今までの一方的な流れが変わり、デザインをつくりながらコンセプトを考える、デザインを見ることでコンセプトが進化するという相互作用が生まれていくでしょう。これは従来にもあったことですが、数秒でデザインを生成する AI が登場することによって、この相互作用が加速していくように思います。

2．2つの壁を越える

　生成 AI を活用することで、デザイン業界の壁が低くなると思います。プロダクト、インテリア、パッケージ、コミュニケーション、WEB といった領域をまたいで、統合的に可視化できることが重要になり、またそれが身近になるでしょう。従来こういった広範囲にわたるクリエイティブ分野をディレクションできる人はクリエイティブディレクターと言われ、広告代理店など大きな仕事をする場所に集まっていましたが、メディアの分散とデジタル化、そして生成 AI の登場によって、デザイン業界の壁を越えて活躍するデザイナーがより多く登場すると思われます。

Part 3　新しい流れ

もう１つ変わるのはデザイナーと非デザイナーの壁です。このインパクトが最も大きいかもしれません。従来デザイナーと言われていない人たちが生成 AI を使うことで「視覚化する」という武器を手に入れることができることです。これによりデザイナーの人口が一気に増えることになるのかもしれません。またこれによって力のあるデザイナーとは何かという定義も大きく変化していく可能性があると思います。

３．マイ AI 競争

自社の競争優位を実現する生成 AI を持つという競争が始まることが予想されます。各種の生成 AI に自社の情報を学習させて、自社の強みを元に生成する AI を各社がつくり始めるでしょう。世の中の生成 AI は世界中のWEB 上のデータを学習させているに過ぎません。企業の中には表に出していない貴重な経験や情報がたくさんあります。この資産を基に生成 AI を自社用にチューニングしていくことで、過去の知識を生かした生成 AI を自社の現場に提供することができるようになる。そういった競争がこれから始まるでしょう。

▶▶▶ 生成 AI によるデザインが変化する３つの視点

① 可遡性（相互作用）
- 「プロセスを戻る」というやり方の広がり

② ２つの壁を越える
- デザイン業界の壁が低くなる
（プロダクト、インテリア、パッケージ、コミュニケーション、WEB、動画など）
- デザイナーと非デザイナーの壁がなくなる（デザイナーとは何かの再定義）

③ マイ AI 競争
- 自社の競争優位を実現する生成 AI を持つ
- 自社の経験や情報を AI に学ばせる

第2章 AI

おわりに

　良いデザインとは何かを悩み、考え続けた蓄積はすでに25年を超えました。デザイナーが主役のこの業界で、デザイナーではない私が何とか価値を生み出せないかと奮闘を続けてきましたが、気づけば、素晴らしいデザイナーやマーケターの方々と出会うことができ、皆さんから多くのことを教えていただきました。そして今、デザイナーの言葉とマーケターの言葉をつなぐところに私の存在価値があると感じています。

　今回、掲載許可をいただきました33の企業の方々、イラストを書き上げてくださったのりさん、パッケージデザインの社会的な価値を高めようと志を共にし、活動している（公社）日本パッケージデザイン協会の皆様、パッケージの包装としての在り方をご指導くださいました（公社）日本包装技術協会の皆様に心より御礼を申し上げます。

　また、日々多くの機会をいただいているクライアントの皆様、マーケティングの素晴らしさをご指導くださいました慶應義塾大学名誉教授の嶋口充輝先生、研究の在り方を教えてくださった嘉悦大学大学院教授の上原聡先生、素晴らしいデザインの完成に向け、デザインと調査に日々努力し、ともに走り続けているプラグのみんな、構成から文章表現に至るまで多くのアドバイスをくれた根岸由紀様、愛くるしく応援してくれた2人の子供たち、そして緻密で確実に何度も文章を読み直し本書の完成をリードしてくださいました実教出版の永田東子様に対し、深く感謝の意を表したいと存じます。

2024年11月　株式会社プラグ

代表取締役社長　小川　亮

協力企業一覧

赤城乳業株式会社
アサヒビール株式会社
アスクル株式会社
イオントップバリュ株式会社
株式会社伊藤園
江崎グリコ株式会社
大塚食品株式会社
大塚製薬株式会社
花王株式会社
カゴメ株式会社
カミュ社
キッコーマン株式会社
クラシエ株式会社
興和株式会社
小林製薬株式会社
サッポロビール株式会社
サントリーホールディングス株式会社
サントリー食品インターナショナル株式会社
株式会社資生堂
株式会社清香室町
株式会社東ハト
トビー・テクノロジー株式会社
日清食品ホールディングス株式会社
株式会社日清製粉ウェルナ
日本コカ・コーラ株式会社
ネスレ日本株式会社
ハウス食品株式会社
株式会社 Mizkan
株式会社明治
森永乳業株式会社
株式会社ヤクルト本社
ＵＣＣ上島珈琲株式会社
ラリックジャパン株式会社

小川 亮（おがわ まこと）

株式会社プラグ　代表取締役

1971 年東京生まれ。慶應義塾大学 環境情報学部卒業後、キッコーマンを経て、慶應ビジネススクールで MBA（経営学修士）を取得。経営管理博士。早稲田大学 マーケティング・コミュニケーション研究所 招聘研究員。明治大学ビジネススクール 兼任講師。（公社）日本パッケージデザイン協会元理事長、現専務理事。（一社）日本マーケティング・リサーチ協会理事。JDLA G 検定 2020#2 合格者。

株式会社プラグ（東京・千代田区）

パッケージデザイン制作・消費者調査・デザイン思考による製品開発を手掛ける。パッケージデザイン評価では独自の評価システム・ノウハウを持つ。パッケージデザインを A I（人工知能）で評価・生成する同社の【Crepo パッケージデザイン AI】は「スタ★アトピッチ Japan アトツギベンチャー部門賞」（日本経済新聞社主催、2022 年）、「日本サービス大賞　総務大臣賞」（日本生産性本部主催、2022 年）他多数受賞。

https://www.plug-inc.jp/

●表紙デザイン──反迫洋輔
●本文基本デザイン──ニシ工芸株式会社
●イラスト──のり

パッケージデザインのりくつ
マーケティングから考えるデザイン

2024 年 11 月 30 日　初版第 1 刷発行

●執筆者	小川　亮	●発行所　実教出版株式会社
●発行者	小田良次	〒 102-8377
●印刷所	大日本法令印刷株式会社	東京都千代田区五番町 5 番地

電話［営　　業］(03)3238-7765
　　　［企画開発］(03)3238-7751
　　　［総　　務］(03)3238-7700
https://www.jikkyo.co.jp

無断複写・転載を禁ず

Ⓒ M. Ogawa 2024

ISBN　978-4-407-36551-1　C0034

Printed in Japan